CRIMES AUX USA
- 01 -

À mes parents pour leur soutien inconditionnel, leur aide précieuse tout au long de ma vie

À mes enfants, qui sont la plus belle réussite, qu'un homme puisse souhaiter, pour ce qu'ils sont, mais aussi pour ce qu'ils deviendront…

« L'Homme est le plus cruel de tous les animaux, il est le seul capable d'infliger une douleur à ses congénères sans autre motif que le plaisir. »

Mark Twain

CRIMES AUX USA – 01 -

PREFACE

Les Etats-Unis sont une grande nation. L'Amérique suscite une véritable fascination qualifiée de rêve américain. Le rapport qu'elle entretient avec le crime est parfois démesuré. Il est souvent difficile de comprendre ni même de l'expliquer. La criminalité qui règne dans ce continent ne répond pas aux mêmes critères qu'en Europe du fait de la différence de son système judiciaire et politique. C'est sans doute pour cette raison qu'il fallait les traiter dans une collection à part. Tout au moins pour ajouter les plus célèbres ou les plus emblématiques. Soit pour leur issue saugrenue ou historique.

Cette grande nation n'échappe pas à ce qu'on peut appeler « l'erreur judiciaire », bien que je n'y croie guère. Toutefois, une en particulier a retenu mon attention, celle de Sacco & Vanzetti, ces deux italiens anarchistes certainement plus condamnés pour leurs idées que pour le méfait qui leur a été reproché. Exécutés sur la chaise électrique, ils ne pourront apprécier leur réhabilitation qu'à titre posthume. C'est aussi la partie que l'on cache souvent de cette Amérique qui fait tant rêver. Comme tous les pays, elle a son talon d'Achille, ses faiblesses mais aussi ses atouts.

Certaines affaires ont permis de faire avancer la justice ou de requalifier certains délits comme dans le meurtre du petit Charles Lindbergh junior, âgé de 20 mois, fils du célèbre aviateur, par Bruno Richard Hauptmann. En effet, à compter de cet épisode, les enlèvements d'enfants constituent désormais des crimes fédéraux passibles de la peine de mort. D'autres ont ouvert la voie sur le crime spectacle : Ruth Snyder qui est surtout plus connue pour avoir été la première femme photographiée à son insu, sur une chaise électrique. Eric Harris et Dylan Klebold représentent, pour leur part, la première tuerie qui a eu lieu dans un établissement scolaire, tandis que Nathan Leopold et Richard Loeb se confondent pour des erreurs minimes alors qu'ils pensaient avoir réalisé le crime parfait.

Une fois n'est pas coutume, je me suis fait un petit plaisir, en souvenir d'un homme que j'admirais beaucoup et malheureusement décédé alors que je n'avais que trois ans : Bruce Lee. Sa mort qui a fait couler beaucoup d'encre et continue aujourd'hui encore de passionner la nouvelle génération a fait oublier qu'il était américain, né en 1940 à San Francisco. Grâce au travail réalisé, les lecteurs vont découvrir non pas un acteur, mais un professeur passionné par son propre art qu'il a développé. Il est difficilement envisageable de savoir encore ce que, vivant, il aurait fait, mais comme les fausses Cartiers, Rolex et j'en passe, il continue d'être copié. C'est sans doute qu'il représente une certaine valeur. Les fausses rumeurs sur sa mort en font un monument qui entretient le mystère.

C'est le moyen également de parler de plusieurs affaires qui ont passionné le cinéma : le docteur Sheppard est l'un des exemples les plus probants. En effet, la série « Le fugitif » dans les années 1960 a ensuite donné un film en 1993 avec Harrison Ford dans le rôle du docteur Kimble, pour les besoins de la fiction, à la recherche d'un fameux « manchot » qui serait l'assassin de son épouse. Que dire aussi de Mark Chapman, l'assassin de John Lennon ou encore Al Capone, sans oublier Gary Gilmore et son combat pour le droit de mourir. De Tony Curtis qui prête son talent dans « L'étrangleur de Boston » qui fait référence à Albert Desalvo.

Gérard Bouladou a accepté, comme à son habitude de m'accorder son aide pour la relecture des histoires, ce qui permet non seulement d'avoir une seconde lecture, mais également de pouvoir le cas échéant apporter son expérience d'ancien officier de police et d'écrivain judiciaire. Il me tarde de le lire à nouveau car d'après ses dires, plusieurs projets sont en cours, mais chut !

Il me faut également remercier les internautes qui de temps à autre m'envoient des renseignements qui donnent lieu à la création de fiches. Leur intérêt pour mon travail est la plus belle des récompenses. J'espère que cette nouvelle collection éveillera chez vous l'envie d'en savoir plus. Sachez que le site est à votre disposition et le téléchargement des fiches est gratuit. Bonne lecture à vous…

1924 – Nathan LEOPOLD & Richard LOEB

Nous sommes en 1924 à Chicago, la troisième plus grande ville des Etats-Unis qui se situe dans le nord-est de l'État de l'Illinois. Nathan Léopold et Richard Loeb sont âgés de 19 et 18 ans, encore mineurs, (la majorité à cette époque était à 21 ans). Ils sont persuadés d'être des surhommes, influencés par les lectures de Nietzsche, un philosophe et poète allemand décédé en 1900. Ce qui est indéniable, toutefois, c'est que les deux amis sont exceptionnellement intelligents.

Le parcours de Léopold est déjà à la hauteur de ses espérances : après une grande réussite au lycée, il entre à l'université de droit de Chicago. Il ne parle pas moins de cinq langues et peut se glorifier d'être un expert en ornithologie (branche de la zoologie qui a pour objet l'étude des oiseaux). Loeb, quant à lui, a choisi l'histoire et s'inscrit à l'université du Michigan, un État du Midwest, presque entièrement entouré par les Grands Lacs. Toutefois, son souhait est tout de même d'intégrer l'école de droit à l'université de Harvard, une université privée et célèbre située à Cambridge dans le Massachusetts.

Le quartier de Kenwood que Léopold et Loeb résident est principalement habité par des familles israélites qui ont assez bien réussi dans la vie. Le père de Loeb, Albert, après ses études de droit, est devenu avocat avant de finir vice-président d'un grand cabinet. Outre le manoir que la famille possède dans le quartier, ils ont également un domaine d'été situé à Charlevoix dans le Michigan. Le jeu favori des deux jeunes garçons est de prouver leur supériorité intellectuelle. Ainsi, ils se rendent coupables à plusieurs reprises de petits vols pour démontrer que grâce à leur quotient intellectuel, ils sont invincibles.

Les deux garçons, issus d'un même milieu, n'avaient pourtant pas grand chose en commun. Loeb était grégaire et extraverti, Léopold misanthrope et distant. Ils devinrent pourtant très intimes. Plus Léopold apprenait à connaître Loeb et plus son attirance vers son ami devint forte. Loeb était, il est vrai, particulièrement séduisant. Grand, bien bâti, élancé avec des cheveux blonds tirant sur le châtain, il avait des yeux rieurs et un sourire spontané et enjôleur. Cela cachait son caractère violent et ses envies destructrices qui, loin de rebuter Léopold, le rendait à ses yeux encore plus « excitant ». Loeb aimait jouer à des jeux dangereux et cherchait toujours à faire monter les enchères. L'admiration que lui portait Léopold le confortait dans la certitude qu'il avait de lui même d'être un maître du crime. Léopold, lui aussi était un bien curieux personnage, complètement fan de Nietzsche. Il se lançait dans des discours interminables qui ennuyaient son entourage au point qu'on le fuyait comme la peste. L'amitié entre les deux jeunes hommes s'intensifia encore plus.

Le 21 mai 1924, Nathan et Richard décident de passer à la vitesse supérieure et mettent en application leur plan machiavélique. Ils décident sous un prétexte d'attirer un jeune voisin, Bobby Francks, dans une voiture de location. Une fois à l'intérieur, le jeune garçon se fait frapper à l'aide d'un burin par Loeb. Les deux garçons décident ensuite de l'étouffer et de cacher le corps sous un petit pont d'une voie de chemin de fer dans la banlieue de Chicago. Ils ont pris la précaution, auparavant, de brûler le corps pour rendre plus difficile l'identification.

Pour faire croire à un kidnapping et ainsi envoyer les enquêteurs sur une fausse piste, ils décident de demander une rançon de 10 000 dollars (9 259 euros) à la famille de l'enfant. Du fait de la situation financière de cette dernière, la somme était tout à faire en adéquation avec leur style de vie, il ne restait plus qu'à attendre que la famille morde à l'appât.

Pour récupérer l'argent sans se faire prendre, ils imaginèrent de contraindre le père de la victime de prendre le train qui partait du sud de Chicago et qui longeait des pistes surélevées à l'ouest du lac Michigan. A un point précis, l'homme devait lancer le paquet contenant l'argent par une fenêtre du train. Ils n'auraient plus qu'à récupérer en toute tranquillité le bénéfice de leur kidnapping. Ce que les jeunes garçons n'avaient pas prévu est que le corps serait retrouvé avant le paiement de la rançon. Prés du corps, les policiers retrouvent une paire de lunettes appartenant à Nathan. Ils prouvèrent également que la demande de rançon dactylographiée avait été réalisée avec une machine à écrire que Léopold utilisait avec son groupe d'étude dans son école de droit.

Les policiers décident d'interroger Léopold et Loeb. A leur grande surprise, ils constatent que les deux jeunes garçons, sans se décomposer le moins du monde, avouent volontiers être les auteurs du crime. La seule divergence réside dans le fait que chacun des deux accuse l'autre d'être l'auteur, ne s'attribuant pour sa part que la complicité. En fait Nathan et Richard sont surtout déçus que le travail entrepris pour préméditer ce crime et la mise en place de la demande de rançon sans se faire repérer soient un échec. En fait, ils pensaient surtout que le corps ne serait pas retrouvé tout de suite, qu'ils auraient largement le temps d'encaisser l'argent.

Ce qui parait difficile pour l'enquête c'est que les deux garçons sont issus d'une famille aisée et disposent de tout l'argent qu'ils désirent. Ils avouent aux policiers que leur véritable motivation était de commettre un meurtre pour ressentir ce désir de puissance et l'excitation de tuer qui précède le passage à l'acte. Ils s'en voulaient d'avoir été pris pour deux simples erreurs qui faisaient honte à leur intelligence. Toutefois, la presse s'empare de l'affaire et fait un roman feuilleton de ce crime sordide. Nathan et Richard s'amusent même à fournir toujours plus de détails sinistres sur le passage à l'acte et le ressenti de leur méfait.

La fascination pour le public de cette affaire vient surtout du fait qu'au début il est perçu comme un crime « juif », or il n'en est rien. Même si le père de Loeb était bien juif, son fils s'était converti au christianisme, tout comme la famille de Léopold née juive et convertie par la suite. Les deux garçons admettent également avoir eu un rapport sexuel entre eux, ce qui pour l'époque scandalisa encore plus l'opinion publique. Les médias décident donc de faire de cette affaire le procès du siècle.

Les temps étaient en train de changer. Les femmes coupaient leurs cheveux, elles fumaient des cigarettes, buvaient du gin, portaient des robes courtes, la sexualité commençait à se libérer et la jeunesse montrait bien qu'elle voulait profiter au maximum de son développement. Les valeurs traditionnelles avaient du plomb dans l'aile, le travail, la discipline l'autocensure étaient au bord du trépas. Et quel fait pouvait le mieux illustrer ce dérèglement de la société que le meurtre de Bobby Franks par deux jeunes gens de bonne famille.

C'est Clarence Darrow, un célèbre avocat de 67 ans qui, à la demande de la famille Loeb, accepte de défendre les deux garçons. Son esprit, sa compassion et son agnosticisme font de lui l'un des plus célèbres avocats américains. Les médias s'attendent à ce que le ténor du barreau plaide non coupable en invoquant la folie, mais, à la surprise générale, il décide de demander à ses clients de plaider coupable. Cette manœuvre habile a pour but de désamorcer une explosion de haine qu'aurait provoquée la non-reconnaissance de leur faute.

Pendant 12 heures, Darrow plaide sans relâche, une plaidoirie qui restera l'une des meilleures de sa carrière. Naturellement, la presse tente de souligner que son choix s'est porté sur cette affaire car il sait pertinemment que son discours sera imprimé dans plusieurs journaux nationaux et par le monde, lui offrant ainsi une tribune extraordinaire pour plaider avec force l'abolition de la peine de mort. Selon lui, lorsqu'un criminel se repend de ses fautes, il ne doit pas être exécuté. Sa stratégie réussit fort bien.

Après les batailles d'experts et les quelques témoins produits par l'accusation et la défense, le réquisitoire et les plaidoiries, le 10 septembre 1924 à 9h30 du matin, le juge Caverly prononça la sentence puisqu'ayant plaidé coupable les accusés n'avaient pas été soumis à un jury populaire. C'est d'ailleurs ce que la défense avait choisi. Dans une allocution brève retransmise en direct par la radio, le juge Caverly annonça qu'étant donné que les accusés avaient plaidé coupable et qu'ils étaient jeunes, il renonçait à les faire exécuter. Le juge décide de condamner les deux garçons à la prison à vie pour le meurtre et à 99 ans de prison pour le kidnapping.

Incarcérés à la prison d'Etat de l'Illinois, Nathan Léopold et Richard Loeb utilisent leur intelligence en devenant professeurs au sein de l'école carcérale. En 1944, Léopold participe même à une étude sur la malaria aussi appelée paludisme, une maladie infectieuse grave, parfois mortelle, qui pénètre dans l'organisme à la suite d'une piqûre de moustique. Il se porte volontaire afin de se faire inoculer la maladie.

C'est en 1958 que Léopold obtient une liberté conditionnelle après 33 ans de prison. Il décide de se consacrer à l'écriture de son autobiographie « La vie plus quatre-vingt-dix neuf ans » en s'installant à Porto Rico pour éviter les médias. Il enseigne les mathématiques et travaille dans des hôpitaux gérés par des missions catholiques. Il écrit un autre livre sur les oiseaux qui peuplent l'île. Son ouvrage fait référence en la matière par sa documentation et la richesse de ses recherches. Ce n'est qu'en 1960 qu'il accepte de donner une interview. Il avoue être toujours amoureux de Richard Loeb, mais se marie tout de même avec une veuve de son âge, avant de mourir le 30 août 1971, à l'âge de 66 ans. Donneur d'organes, ses cornées ont été retirées et offertes l'une à un homme et l'autre à une femme.

En ce qui concerne Richard Loeb, ce dernier a été moins chanceux. En janvier 1936, il se fait agresser par un codétenu, un certain James Day dans les douches de la prison. Il décède à l'âge de 30 ans des coups de rasoirs infligés par James, causant de nombreuses blessures responsables de sa mort. Léopold se rendit au chevet de son vieil ami pendant son agonie. Pour sa défense, James Day déclare que Loeb a essayé de l'agresser sexuellement et qu'il était en état de légitime défense ; le jury décide de l'acquitter.

Plusieurs films seront réalisés sur cette affaire en commençant par celui d'Alfred Hitchcock « La corde » en 1948. L'illustre réalisateur a choisi pour son scénario de porter l'attention sur la supériorité des deux jeunes garçons en suggérant habilement leur sexualité, pour éviter la censure et porter l'attention sur l'âge de la victime à peine moins que les deux meurtriers. En 1959, Richard Fleischer réalise un film « Le Génie du mal ». Le film est récompensé au Festival de Cannes pour plusieurs prix d'interprétation masculine pour Dean Stockwell, Bradford Dillman et Orson Welles.

1927 – Bartoloméo VANZETTI & Nicola SACCO

Nous sommes aux Etats-Unis dans les années 1920, après la première guerre mondiale à laquelle le pays a participé. Il faut relancer l'économie et faire face à une inflation grimpante. La montée du syndicalisme créé par les ouvriers pour défendre leurs droits n'arrange rien. Il y a tant de réformes à opérer pour reconnaître le monde ouvrier que les grèves se succèdent dans l'ensemble du pays.

Rien qu'en 1919, on compte plus de 4 millions de grévistes aux Etats-Unis. Leurs revendications sur les salaires s'ajoutent à celles sur les conditions de travail. Souvent les grèves dégénèrent et donnent lieu à des affrontements. Le mouvement anarchiste monte en puissance et touche toutes les villes. Il n'épargne aucun dirigeant, ni responsable politique. Les maires de Seattle ou Cleveland sont touchés par un attentat à la bombe. Celui perpétré dans les bureaux de la banque « Morgan », située à Wall Street, fait 38 morts et près de 200 blessés.

On prend naturellement des mesures contre les anarchistes, les pressions sur les communistes et les socialistes américains s'accentuent. Plusieurs membres sont emprisonnés, d'autres forcés à l'exil. L'opinion publique a tendance à mettre sur un même plan les grévistes, les anarchistes, les « rouges » et les étrangers. L'Amérique redoute que la poussée du bolchévisme frappe son pays comme elle le fait en Europe. Chaque américain se méfie des étrangers qui parlent à peine leur langue, la peur s'installe, semant sur son passage la crainte des ouvriers et la peur de leur nombre. Des policiers sont postés dans tout le pays pour stopper les débuts de manifestations. Les arrestations sont monnaie courante et sans aucune distinction.

Le 24 décembre 1919, un braquage a lieu dans le Massachusetts contre une fabrique de chaussures à Bridgewater. L'opération se solde par un échec, il faut croire que le gang motorisé a mal préparé son coup. Un second braquage, le 15 avril 1920 a lieu à South Braintree à la manufacture de chaussures Slater and Morril toujours dans le Massachusetts, cette fois le bilan est différent. Deux employés sont abattus par les gangsters, Frederic Parmenter le caissier et son garde du corps Alessandro

Berardelli, dans la rue principale. Butin : 15 000 dollars (13 892 euros) qui représentent la paie des ouvriers.

La police soupçonne les anarchistes italiens et plus particulièrement deux de leurs militants Nicola Sacco et Bartolomeo Vanzetti connus pour être des activistes partisans du terrorisme révolutionnaire. Leur casier judiciaire, bien que vierge de toute condamnation, ne les protège pas dans cette période difficile et trouble. Selon la police, les attaques servent à financer leur cause et leurs attentats dans le but d'entraîner le pays vers le chaos. Ferruccio Coacci, un ouvrier qui travaille dans les deux manufactures, est également soupçonné. La perquisition de son domicile permet de saisir des cartouches 7,65 × 17 mm Browning identiques à celles trouvées dans le corps des deux convoyeurs. C'est, Bridgewater Michael E. Stewart, un brigadier de police, qui porte ses soupçons sur son colocataire, Mario Buda, car il est propriétaire d'un véhicule qui a probablement été utilisé dans le braquage de South Braintree.

Le 5 mai 1920, la police est prévenue par un garagiste que Mario Buda doit venir récupérer sa voiture après des réparations. Si le mécanicien prévient les autorités, c'est que les plaques d'immatriculation lui semblent fausses. L'origine supposée italienne du propriétaire, peu appréciée à cette époque, suffit à convaincre l'artisan d'effectuer son geste de bon citoyen. Buda se présente donc

21

au garage accompagné de trois autres hommes Nicola Sacco, Bartolomeo Vanzetti et Ricardo Orciani. Les trois hommes tentent de fuir mais deux d'entre eux, Sacco et Vanzetti, sont rattrapés et arrêtés en possession d'armes à feu. Ils sont inculpés pour les deux braquages.

Les deux hommes confessent leur appartenance au milieu anarchiste mais nient être les auteurs des deux braquages. Quant à leurs armes, elles ne servent seulement qu'à les protéger, comme le prévoit la constitution des Etats-Unis. Bartolomeo ajoute qu'il possède un alibi qui le couvre pour le jour de l'attaque. Pas moins de seize personnes sont venues lui acheter du poisson. Rien n'y fait, le contexte de l'époque et la sauvagerie des deux braquages, présentes dans les esprits, suffisent à les maintenir en prison, jusqu'à leur procès. En attendant leur jugement, les Américains vont apprendre à mieux connaître ceux qu'elle considère comme les pires monstres, anarchistes, meurtriers, voleurs et menteurs, comme tous les émigrés qui viennent voler le travail de leurs contemporains.

C'est le 22 avril 1891 que nait Nicola Sacco dans la province de Foggia, un petit village appelé Torregaggiore. Il est le fils d'un exploitant modeste mais propriétaire d'une petite oliveraie. Il refuse de continuer à travailler aussi dur que sa famille pour n'en récolter que peu de richesse et décide donc de rejoindre l'Amérique en 1908 pour tenter sa chance.

Après avoir embarqué à Naples, il arrive aux Etats Unis le 2 mai 1913, à New-York.

Après plusieurs emplois comme simple manœuvre, il réussit à se faire embaucher dans une fabrique de chaussures, les « trois K », située à Stoughton dans le Massachusetts. Il devient ouvrier cordonnier et son travail méticuleux lui permet de se faire un nom dans la profession. Il gagne bien sa vie, se marie et le couple donne naissance à un enfant.

C'est le 11 juin 1888 que voit le jour Bartolomeo Vanzetti dans une modeste famille du Piémont installée dans le nord de l'Italie. A l'âge de 13 ans, on le place comme apprenti pâtissier. Il devient ouvrier pâtissier à Cuneo avant de finir comme confiseur à Turin. Le travail est très dur, il est exploité et les conditions misérables dans lesquelles il vit le font tomber malade. C'est à la suite du traumatisme causé par la mort de sa mère qu'il décide de rejoindre le Havre pour prendre le bateau « la Provence » à destination de New-York le 19 juin 1908. Une fois arrivé, il partage, comme ses compatriotes, la misère des immigrants. De petits boulots en petits boulots, il rejoint les causes anarchistes en 1913. Il finit par s'installer dans le Massachusetts où il trouve un emploi à la « Cordage Compagny ». En 1916, aidé par un autre anarchiste Luigi Galleani, il participe à une grande grève qui va durer un mois, il est alors mis sur la liste noire des patrons qui se refusent à l'embaucher ; c'est donc ainsi qu'il décide d'embrasser une carrière de marchand de poissons ambulant.

Le 5 mai 1917 Bartolomeo obtient la nationalité américaine, mais voilà, son pays désormais entre en guerre au côté des alliés, il est obligé de s'inscrire sur les listes pour sa participation au premier conflit mondial. Il décide de fuir pour se réfugier au Mexique avec une trentaine de ses amis anarchistes. C'est à cette occasion qu'il fait la connaissance de Nicola Sacco. Après quelques mois, il retourne dans le Massachusetts à Plymouth pour lutter contre la répression qui s'opère contre les   anarchistes.

Nicola Sacco embrasse les idées républicaines avant de se laisser convaincre par le socialisme. C'est Bartolomeo qui le forme aux idées anarchistes et en fait un militant. Le seul bémol est son aversion pour les actes terroristes, il considère, à juste titre, que la violence n'engendre que la violence et ne résous pas les problèmes, bien au contraire. C'est pour cette raison qu'il se lie rapidement d'amitié avec lui. Car Vanzetti, est un pacifiste, il préfère les actions de grèves aux actions destructrices. Il s'oppose naturellement au patronat pour obtenir de meilleures conditions de travail, mais également aux anarchistes qui se montrent trop obtus et fermés au dialogue nécessaire à l'avancement d'une cause.

Lorsque le procès débute le 22 juin 1920, la cause de Sacco et Vanzetti n'attire pas la foule. Devant un dossier à charge faiblement étoffé et préparé par l'accusation, la libération des deux hommes ne semble faire aucun doute. Pourtant, dès le premier jour et à la surprise générale, le procureur général Katzmann décide de se passer du témoignage de l'officier de police Prockter qui dirige les recherches. Il est vrai que dans ses déclarations, le policier a souligné que les indices retrouvés ne permettent pas d'accuser de manière formelle les deux Italiens.

Le procureur décide de baser l'essentiel de son attaque sur le passé anarchiste des deux hommes en insistant sur leur fuite en 1917 pour échapper à leurs obligations d'Américains naturalisés. Il enfonce le clou en mettant en exergue la méfiance que les Américains ont déjà pour les mouvements rouges et les immigrés, doublés de déserteurs. Aux Etats-Unis, la question d'une appartenance et d'un dévouement à la patrie est très forte, Katzmann le sait bien. Ne disposant d'aucune preuve directe, il s'efforce de démolir les alibis des accusés. Il écarte les témoignages de 16 clients que Vanzetti a servis en poissons au motif qu'ils font partie de la même communauté. Il est donc impossible de vérifier s'il s'agit de témoins de complaisance. On appelle à la barre l'officier Prockter uniquement pour le rapport balistique. Ce dernier fait observer à la cour que les balles retrouvées sont du même calibre que le révolver de Sacco, mais il est impossible d'affirmer qu'elles en proviennent bien. Le procureur retourne

25

la question pour signaler qu'il n'est pas impossible non plus qu'elles en proviennent. Plusieurs témoins reconnaissent Vanzetti, mais se contredisent sur sa moustache aussi bien pour sa longueur que pour son existence même. Éternelle question de la fragilité du témoignage humain. Nicola est acquitté. Il réussit à prouver que ce jour-là, il a pointé à l'usine, tandis que son compatriote Bartolomeo est condamné entre 12 et 15 ans de prison. Le procureur fait appel de la décision, il y a donc un second procès.

C'est à Dedham que s'ouvre le second procès des deux anarchistes du 31 mai au 14 juillet 1931. C'est l'expertise balistique, une fois de plus qui emporte le premier rôle ; certes cette nouvelle science est à ses balbutiements à l'époque mais elle donne quand même des indications pour comprendre les scènes de crimes.

Deux militants et amis de Vanzetti, Carlo Tresca et Aldino Felicani montent un comité de soutien pour défendre les deux accusés. Le comité de défense créé dès le 9 mai réussit à réunir une somme assez conséquente de 300 000 dollars (277 855 euros) pour leur avocat Fred Moore, un grand spécialiste des procès politiques. Une gigantesque campagne médiatique nationale et internationale, sans précédent, est menée. Le comité de soutien insiste notamment sur le fait que les deux hommes sont jugés non pas pour leur culpabilité supposée mais pour leurs idées politiques. Le spectre de l'erreur judiciaire réussit à convaincre le président du Conseil du Royaume d'Italie, Benito Mussolini, qui se prononce publiquement pour la défense des deux anarchistes.

Pourtant rien n'y fait, les deux hommes sont condamnés à la peine capitale par chaise électrique pour les crimes de South Braintree. Le 12 mai 1926, leur condamnation à mort est confirmée, et ce, malgré les aveux d'un bandit Célestino Madeiros, lui aussi condamné à mort dans une autre affaire, qui avoue du fond de sa cellule être l'auteur des meurtres. En fait, c'est le juge Webster Thayer, américain de vieille souche, qui refuse de rouvrir le dossier. Il ne cache pas sa haine pour les Italiens et les anarchistes.

La sentence est accueillie par un vent de protestations. Des milliers de gens défilent dans les rues en scandant les noms des accusés. Les journaux font leurs unes de ce procès qui ressemble plus à une mauvaise farce qu'autre chose. L'écho retentit également en Europe, ou de nombreuses manifestations sont organisées et des comités de soutien créés. Pendant les 5 années qui suivent le procès, 6 motions sont déposées pour une révision, mais toutes sont rejetées par le juge Thayer. Certaines personnalités comme Albert Einstein et même Benito Mussolini font pression sur le gouvernement américain, mais celui-ci refuse d'agir car il estime que c'est un cas relevant uniquement de la juridiction du Massachussetts. Le

5 avril 1927, Alvin Fuller, le gouverneur tente de rouvrir le dossier, mais par suite de pressions, il s'avoue vaincu et déclare qu'il n'y aura pas de nouveau jugement. A plusieurs reprises la sentence est reportée au gré des pressions et des manifestations. Enfin dans la nuit du 22 au 23 août 1927, les deux hommes sont électrocutés dans la prison de Charlestown située dans la banlieue de Boston, par le bourreau Robert G Elliott.

Bartolomeo Vanzetti prononce ces mots restés célèbres, au juge Thayer : « Si cette chose n'était pas arrivée, j'aurais passé toute ma vie à parler au coin des rues à des hommes méprisants. J'aurais pu mourir inconnu, ignoré : un raté. Ceci est notre carrière et notre triomphe. Jamais, dans toute notre vie, nous n'aurions pu espérer faire pour la tolérance, pour la justice, pour la compréhension mutuelle des hommes, ce que nous faisons aujourd'hui par hasard. Nos paroles, nos vies, nos souffrances ne sont rien. Mais qu'on nous prenne nos vies, vies d'un bon cordonnier et d'un pauvre vendeur de poisson, c'est cela qui est tout ! Ce dernier moment est le nôtre. Cette agonie est notre triomphe » Des funérailles grandioses suivies par près de 400 000 personnes sont organisées ; les mouvements confondus, socialistes, communistes et anarchistes jurent de laver la mémoire des deux condamnés.

En 1973, Vincent Teresa confie sur son lit de mort que l'attaque des convoyeurs est bien l'œuvre du gang de Morelli. 50 ans jour pour jour après l'exécution des deux hommes, le petit fils de Nicola Sacco reçoit des mains de Michael Dukakis, gouverneur du Massachusetts, la réhabilitation officielle des Italiens et déclare solennellement « tous les déshonneurs devaient être enlevés de leurs noms pour toujours ». Une chanson « Here's to you » de Joan Baez et Ennio Morricone reste encore dans les mémoires :

« Here's to you Nicola and Bart
Rest forever here in our hearts
The last and final moment is yours
That agony is your triumph. »

« À la vôtre Nicola et Bart
Repos pour toujours ici dans nos cœurs
Le moment tout dernier est le vôtre
Cette agonie est votre triomphe »

La version française « Marche de Sacco et Vanzetti » a été interprétée par Georges Moustaki, Tino Rossi, les Compagnons de la Chanson et par Mireille Mathieu. Les paroles sont différentes et reviennent à cinq reprises à l'identique.

Maintenant Nicolas et Bart
Vous dormez au fond de nos cœurs
Vous étiez tous seuls dans la mort
Mais par elle vous vaincrez
(X 5)

1928 – Ruth SNYDER & Judd GRAY

C'est en 1925 à Long Island, une île au nord est des Etats-Unis dans l'état de New-York que commence cette histoire. Ruth Brown Snyder est mariée avec Albert qui exerce la profession de rédacteur dans un magazine consacré aux bateaux à moteur, ce qui permet à Ruth de rester femme au foyer pour s'occuper ainsi de leur fille Lorraine âgée de neuf ans. Mais l'activité sexuelle et l'amour que porte Albert à son épouse est loin de satisfaire la jeune femme de 32 ans. Elle est souvent cantonnée au rang de mère plus qu'à celui d'épouse.

Ruth fait la connaissance de Judd Gray, un jour où elle déjeune à New-York. Entre ce vendeur de corset et Snyder une folle passion amoureuse nait

31

d'une façon soudaine et passionnée, ils se comprennent sans se parler. L'amant rend visite régulièrement à l'épouse infidèle à son domicile pendant que sa fille est à l'école, où encore dans un hôtel pendant que cette dernière joue dans le hall d'entrée. Lorsqu'ils sont ensemble rien ne semble les séparer.

L'attitude de Ruth Snyder change progressivement, elle ne se plait plus dans son rôle de femme au foyer malaimée par son époux, elle commence à mettre au point les plans les plus sournois les uns que les autres pour se débarrasser du mari encombrant. Elle essaie de convaincre son amant de la violence de son mari à son égard, pour qu'il le tue et ainsi lui prouver son amour. Tous les moyens sont bons, même certaines pratiques sexuelles tant appréciées par les hommes et vivement critiquées en ce début de siècle sont mises à contribution. Judd résiste tant bien que mal à l'idée de commettre un homicide même par amour. Pour tenir le coup il consomme de l'alcool qu'il trouve difficilement dans cette période de prohibition, afin de calmer ses nerfs.

Le 19 mars 1927 est une journée froide, Gray a passé la journée à boire, afin de trouver le courage de commettre ce que sa maîtresse exige de lui. Il déambule dans les rues sous chaque réverbère avec une boisson à la main, si seulement, il se fait arrêter, tout pourra prendre fin. Mais les passants ne s'occupent pas de lui, il doit donc aller jusqu'au bout. C'est Ruth qui met en place le scénario pour faire croire à son absence, elle prévoit un voyage en train de Syracuse à New-York avant de rejoindre Long Island. Gray rentre donc seul dans la maison. Ruth a préparé sur une fenêtre un poids pour assommer son mari et du chloroforme.

Une fois le couple rentré, Albert est frappé avec le poids. Ruth s'éclipse et revient seulement vêtue d'un slip, elle et son amant font l'amour alors que le corps endormi du mari gît dans le couloir. Une fois fait, ils transportent le corps du défunt dans la chambre, mais voilà seulement étourdi par le coup, il se réveille et se saisit de son agresseur. Judd Gray appelle sa maîtresse à son secours et cette dernière s'empare à nouveau du poids abandonné par son amant pour frapper avec une violence inouïe sur le crane de son mari. Une fois la besogne achevée, ils descendent tous deux tranquillement déguster des boissons et peaufiner leur plan machiavélique et ainsi faire croire à un cambriolage qui a mal tourné. Ils renversent quelques chaises et Gray attache Ruth avant de partir et lui plaçant un bâillon sur la bouche.

Ruth Snyder se faufile en rampant vers la chambre de sa fille Lorraine endormie et cogne à la porte avec ses jambes, jusqu'à ce qu'elle se réveille. L'enfant sort et enlève le bâillon de sa mère. Elle demande à sa fille de se rendre chez les voisins pour réclamer de l'aide et ainsi pouvoir appeler la police. Obéissant à sa mère, elle ne pense pas à se rendre dans la chambre ni à demander des nouvelles de son père, elle préfère sans plus attendre donner l'alerte comme sa mère lui a demandé.

Les amants diaboliques sont persuadés d'avoir réussi leur coup, mais voilà, quand la police perquisitionne la maison, elle trouve les objets et bijoux qui normalement ont disparus dans le supposé cambriolage. Les enquêteurs décident d'interroger Ruth, qui a leur grande surprise ne tarde pas à avouer le coup monté. Tout en précisant que l'auteur du meurtre n'est d'autre que son amant Judd Gray. Le dernier est retrouvé quelques heures plus tard, caché dans la chambre d'hôtel de Syracuse. Il essaie de nier les faits, mais la police retrouve dans la poubelle de cette chambre, le talon du billet de chemin de fer Syracuse New-York, une erreur de plus. Face à cette découverte, il craque et dénonce également sa maîtresse Ruth comme étant la principale instigatrice.

Quand le procès s'ouvre, les deux amants sont montés l'un contre l'autre, s'accusant mutuellement, le procès devient si médiatique que les plus grandes célébrités font tout pour y assister. Chacun est défendu par un avocat différent. Celui de Ruth Snyder donne le portrait d'une femme délaissée par son mari, qui n'a pas d'autres solutions que de se tourner vers d'autres amants. Elle rencontre Gray qui sait lui parler et la rendre heureuse, c'est lui qui sur ses dires a insisté pour qu'elle force son mari à prendre une police d'assurance de 50 000 dollars (46 295 euros) en cas d'accident violent, prime doublée pour son mari. Il demande à sa cliente de paraître le plus humble possible durant le procès et de porter une robe noire en signe de deuil.

Son époux l'ignore totalement, l'emmène rarement dîner ou participer à des soirées, il ne la sort du placard doré de sa maison qu'en cas d'absolue nécessité, pour la presse ou la présentation d'un nouveau projet. Elle déclare même à la cour qu'une fois son amant lui fournit un poison pour qu'elle l'administre à son mari. De son côté Judd Gray n'est pas heureux non plus en ménage, leur rencontre est inévitable. L'avocat de la partie adverse quant à lui brosse le portrait d'un serpent dans un corps de femme. Son client très amoureux de Ruth est prêt à tout pour la satisfaire et elle le sait. Judd est un homme respectueux de la loi avec ses faiblesses. Sa plus grande est d'être tombé amoureux d'un monstre humain qui le manipule et l'attire dans la luxure et la passion.

Judd dans sa déclaration ajoute que sa maîtresse Ruth tente une première fois d'assassiner son mari en lui plaçant des gouttes dans un verre d'eau, poussant même la cruauté à lui faire croire qu'il s'agit d'un traitement contre le hoquet. Plusieurs autres tentatives sont imaginées par cette femme perverse avant qu'elle mette au point le plan final et ne force son amant à lui prêter main forte. Il ajoute les détails et la cruauté avec laquelle elle a frappé son mari dans la nuit du meurtre, Ruth éclate en sanglot qui fait même se retourner le juge dans sa direction.

Le jury se retire pour délibérer, seules 98 minutes suffisent pour déclarer un verdict de culpabilité de manière unanime. Mais la surprise ne s'arrête pas là, la sentence prononcée pour les deux amants est la même : « la mort ! »

A cette époque la pendaison est remplacée par la chaise électrique. On constate toutefois jusqu'à présent que toutes les femmes condamnées à mort sont systématiquement graciées. Malheureusement pour Ruth son recours en grâce est rejeté, et ce malgré un combat des féministes qui voient en elle une femme qui s'est dressé contre la domination masculine. Le crime a marqué les esprits et la brutalité de cette boucherie faite avec la complicité d'un amant a fait le reste. Pas moins de 2 500 lettres sont reçues par la condamnée et 164 hommes touchés par son histoire lui proposent le mariage.

Le 12 janvier 1928 c'est Judd Gray qui se place le premier sur la chaise. Lorsque le gardien vient le chercher dans sa cellule, il le trouve assit avec un sourire aux lèvres, il vient de recevoir une lettre de sa femme qui lui pardonne son attitude et lui renouvelle son amour au moment où sa vie va prendre fin. Il déclare au gardien : « je peux maintenant y aller ! je n'ai plus rien à craindre. » A 23h01, vient le tour de Ruth Snyder qui suit son amant de quelques minutes au pénitencier de Sing Sing dans l'Etat de New-York. Les dernières paroles qu'elle décide de déclarer sont les même que celles de Jésus sur la croix : « Pardonnez-leur, mon père, car ils ne savent pas ce qu'ils font... ». Une vingtaine de témoins assistent à l'événement dont plusieurs journalistes. C'est la présence de l'un d'eux qui rend l'exécution de Ruth Snyder si célèbre.

Le 13 janvier 1928 le public découvre en premier page du quotidien le « New-York Daily News », la photo de Ruth Snyder prise sur la chaise électrique au moment où le courant traverse son corps. Même si le cliché est trouble, la photo de Tom Howard, photographe au « Chicago Tribune », spécialement venu pour l'occasion va faire le tour du monde. Le quotidien est amené à effectuer un tirage supplémentaire de 750 000 exemplaires. La photo choque, mais elle fait vendre également. Personne ne comprend comment ce journaliste a réussi à introduire un appareil photo dans l'enceinte de la prison. En fait le coup est préparé depuis longtemps.

A un mois du jour fatidique, Tom Howard, photographe au Chicago Tribune débarque à New-York et s'installe à l'hôtel, tous frais payés par le « Daily News ». Il passe les semaines précédant l'exécution à tester un appareil miniature modifié pour l'occasion. Son fonctionnement repose sur le principe d'une plaque de verre sans film. Howard s'exerce surtout à remonter la jambe de son pantalon et viser dans la bonne direction, car l'objet interdit est fixé sur sa cheville, un cordon remontant tout le long de la jambe jusqu'à un déclencheur, qui est caché dans sa poche. Il se présente à Sing Sing dans les premiers, afin de choisir sa place. Une fois le cliché effectué, il se dirige vers la sortie où une voiture l'attend pour l'emmener au journal. Un second véhicule a même été prévu au cas où le premier tombe en panne. Le scoop est essentiel, le risque est grand. Aucune erreur ne doit être commise.

Howard ne livre jamais son état d'esprit au moment du cliché, naturellement comme tout journaliste, il est excité d'avoir réussi cette prouesse, mais n'en tire jamais aucune gloire, refusant d'en parler à chaque sollicitation jusqu'à son décès en 1961, la une du journal est accroché dans son salon. Il est vrai que selon dans quel camp on se place, la photo est utilisée par les abolitionnistes qui montrent ainsi la monstruosité de la peine capitale, ou encore du « Daily news », un temps menacé de procès qui n'aura jamais lieu, qui prend pour défense d'avoir voulu dissuader les futurs meurtriers de commettre leur délit.

Même des années plus tard, le débat ne sera jamais clos, double indignation sur la mise à mort d'un être humain, ou les débuts d'une presse à sensation. C'est cette photo qui inaugure une nouvelle forme de journalisme sans tabou telle que nous la connaissons aujourd'hui dans la presse libérée anglo-saxonne et américaine. L'appareil utilisé par Tom Howard appartient au musée national d'histoire américaine le Smithsonian c'est le Daily news, qui pour la prospérité, lui a offert en 1963.

Il y a les pours, les contres, mais plusieurs décennies plus tard, le débat n'est pas clos. Car le regard, ici, est soumis à une double indignation : « celle que suscite la mise à mort d'un être humain, et celle qu'engendre le manque de scrupule d'une presse à sensation. Plus de 80 ans après sa publication, cette photographie volée reste considérée comme la première image scandaleuse du photojournalisme. Sollicité par le magazine « Photo », il y a quelques années, pour élire sa « photo du siècle » le photographe Peter Beard avait choisi ce cliché et le commentait en ces termes : « Cette image violente, oubliée et émouvante, m'a particulièrement frappé. Voyeurisme cruel ! ».

1932 – Bruno Richard HAUPTMANN

Nous sommes dans l'état du New Jersey qui comprend les banlieues ouest et sud de New York, plus précisément à Hopewell, l'une de ses petites villes qu'habitent le célèbre aviateur Charles Lindbergh et sa charmante famille. C'est sans doute l'aviateur le plus connu.

Charles Lindbergh voit le jour à Détroit, la principale ville de l'État du Michigan aux États-Unis, le 4 février 1902 au sein d'une famille aisée d'émigrants suédois. L'aviation commence à le passionner très jeune et il décide de passer son brevet en entrant à l'aéronavale en 1920. Il devient très vite un pilote d'exception, notamment en remportant le prix Orteig et empoche ainsi les 25 000 dollars (23 147 euros) de récompense pour la traversée entre New-York et Paris. C'est donc à bord du Spirit of Saint Louis qu'il décolle de New-York pour arriver à Paris, 33 heures plus tard, il devient ainsi le premier pilote à réaliser cet exploit pour entrer dans la légende. Lindbergh est le symbole d'une modernité adulée par les foules.

Lorsqu'il est de retour aux Etats-Unis, il effectue une tournée triomphale. C'est durant cette dernière qu'il rencontre Anne Morow, aviatrice elle aussi et issue d'une grande famille. En 1929, le couple se marie et donne naissance un an plus tard à Charles Junior, un petit garçon. Tout réussit au couple Lindbergh jusqu'en 1932.

Le 1er mars de cette année, le bonheur de cette famille est brutalement arrêté. Tranquillement occupés à souper, ils sont interrompus par la nurse qui leur fait part de la disparition du jeune Charles, alors âgé de 20 mois. La chambre de l'enfant est désespérément vide et le couple découvre des traces de pas sur une fenêtre ouverte, ainsi qu'une échelle appuyée sur la façade. Les époux Lindbergh ouvrent une lettre placée dans une enveloppe blanche au dessus du radiateur. Il s'agit d'une demande de rançon de 50 000 dollars (46 295 euros). Aucun doute n'est permis, il s'agit d'un enlèvement. Charles Lindbergh se saisit de son arme pour faire le tour de la propriété mais ne découvre aucune trace. La police est prévenue et arrive sur les lieux 20 minutes plus tard.

Les forces de police se mettent immédiatement au travail car les premières heures de l'enlèvement d'un enfant aussi jeune sont cruciales. Les inspecteurs procèdent par élimination, ils recherchent les pistes d'éventuels complices au sein de la demeure. Les interrogatoires du personnel ne donnent rien, sauf en ce qui concerne une domestique nommée Violette Sharp dont les réponses sont pour le moins évasives. Malgré ses propos incohérents, la police décide également de suivre d'autres pistes afin de ne pas focaliser toute leur attention sur une seule possibilité et ainsi faire perdre de précieuses minutes pour la vie de l'enfant.

Le couple des Lindbergh gère assez mal la tension. Sans prévenir les autorités, ils ont bien l'intention, avec l'aide de plusieurs amis, d'honorer le paiement de la rançon réclamée. Ils proposent un rendez-vous au ravisseur grâce à la complicité de la presse locale. Ils ont réussi à réunir les 50 000 dollars. Beaucoup de billets mais également des certificats d'or prochainement retirés de la circulation qui pourront être détectés lors de leur utilisation. Au rendez-vous donné, le ravisseur qui prend possession de la rançon, leur révèle que l'enfant se trouve à bord d'un bateau, Le Nelly, dans la baie de Martha's Vineyard. Malgré les nombreuses recherches, l'embarcation demeure introuvable. Rien d'autre à faire que d'attendre un nouveau contact du ou des ravisseurs.

Le mois d'avril 1932 semble à Charles Lindbergh et son épouse le plus long de leur existence. Les recherches demeurent vaines et au fur et à mesure que les jours passent, les chances de pouvoir retrouver l'enfant sain et sauf disparaissent peu à peu. Charles le sait et fait semblant de croire encore au miracle, ne serait ce que pour rassurer son épouse. Cette insoutenable torture va prendre fin d'une manière tragique le 12 mai suivant. Le jeune Charles junior est retrouvé le corps sans vie dans un bois, à proximité de la propriété de ses parents. Devant la décomposition du corps particulièrement avancée, on pratique une autopsie qui révèle que le jeune garçon est déjà décédé depuis plusieurs semaines d'un coup violent à la tête. On émet l'hypothèse que le jeune garçon est tombé de l'échelle le soir de son enlèvement. Ce qui suppose que le ravisseur a continué de façon morbide la mascarade de réclamer une rançon pour le cadavre d'un enfant.

La police redouble d'efforts pour essayer de démasquer son meurtrier. Elle se rapproche de Violette Sharp qui, à cause de l'imprécision de ses réponses, provoque un doute sur son innocence et son emploi du temps. Certainement fragile et sous pression, la jeune femme préfère se donner la mort. Quelques semaines passent avant que la police ne soupçonne un autre homme, JJ Faulkner, qui est surpris dans une banque de Manhattan à verser pas moins de 3 000 dollars (2 777 euros) certifiés or qui proviennent de la rançon. Bien que le nom et l'adresse soient inventés, l'enquête réussit tout de même à mener les policiers vers un certain Geissler. Ce dernier décide lui aussi de mettre fin à ses jours.

L'enquête est au point mort, rien ne semble pourvoir la relancer. Les enquêteurs maintiennent leur attention et relancent des appels à témoins dans la presse. Toutes personnes pouvant apporter des indices ou de simples témoignages sur l'affaire sont invités à se faire connaître auprès de la police. Afin d'aider les Américains à se souvenir des moindres détails ou d'éveiller leur attention, un résumé de l'enquête est publié. Rien n'y fait, tout semble perdu jusqu'à un jour de septembre 1934. Un pompiste prend contact avec les enquêteurs pour leur rapporter un fait pour le moins étrange : un de ses clients a fait le plein de son véhicule et a réglé avec des dollars certifiés or semblables à la description faite pour le paiement de la rançon. Il relève le numéro d'immatriculation de la voiture.

Le titulaire du véhicule est identifié et c'est muni d'un mandat que la police se présente chez un certain Bruno Hauptmann pour une perquisition de son domicile. Dans une boite métallique, ils trouvent la somme de 11 000 dollars (10 185 euros) dont les numéros marqués proviennent de la rançon versée par la famille Lindbergh. Hauptmann est immédiatement arrêté. Il nie en bloc toutes les accusations contre lui. Selon ses dires, l'argent provient de son ex-associé qui a quitté les Etats-

Unis pour rejoindre l'Allemagne. Il ajoute que cet homme est malheureusement décédé et ne peut donc pas témoigner.

C'est le 26 novembre 1899 à Kamenz, une ville d'Allemagne située dans l'arrondissement de Bautzen, que Bruno Richard Hauptmann voit le jour. Il est soldat dans l'armée allemande pendant le premier conflit mondial. Après la guerre, incapable de trouver du travail en tant que menuisier, il devient criminel. Avec un autre vétéran, les deux hommes dévalisent trois maisons et volent deux femmes pendant une attaque à main armée. Pour ces faits, ils sont condamnés à cinq ans de réclusion criminelle. Hauptmann effectue quatre années, avant d'être libéré et de nouveau accusé d'un autre crime, il décide de ne pas profiter d'un nouveau traitement et prend la fuite par la seule porte qui n'était pas gardée de la prison de Bautzen. Il essaie d'émigrer aux Etats-Unis à deux reprises en s'embarquant sur des navires. Chaque fois qu'il est découvert, il est reconduit en Allemagne. C'est la troisième tentative qui est la bonne : avec un déguisement et des faux papiers, il réussit en novembre 1923 à rentrer dans le pays. Il épouse deux ans plus tard Anna Schoeffler, une immigrée allemande et s'installe dans une maison du Bronx. Le couple donne naissance à un fils et Richard travaille comme menuisier en laissant son passé de criminel, loin derrière lui.

Les affaires marchent bien, et Hauptmann commence à jouer en bourse. Rapidement, il s'associe avec un certain Isidor Fisch, escroc notoire, ce que Hauptmann dit ignorer. En 1934, Fisch part pour l'Allemagne où il meurt d'une tuberculose, laissant à Hauptmann une boite contenant 15 000 dollars. Accusé du meurtre d'un enfant, qui plus est de celui d'un héros national, le passé de Bruno Hauptmann et ses rapports avec Isidor Fisch jouent lourdement en sa défaveur. Si on ajoute la déclaration de deux témoins qui affirment l'avoir vu à l'époque du crime près de la maison des Lindbergh avec une échelle sur son véhicule, il n'en faut pas plus à la police pour le placer en détention préventive. La police le force à recopier maintes et maintes fois la demande de rançon trouvée dans la chambre de Charles Junior. Les experts en écriture attestent que cette dernière est identique. Bruno Hauptmann est envoyé devant le juge.

C'est à Flemington, une ville du New Jersey que le procès s'ouvre le 2 janvier 1935. Il ne prendra fin que le 13 février. Considéré comme le procès du siècle, la défense est assurée par Edward J. Reilly qui perçoit ses honoraires du célèbre journal « the Daily Mirror » appartenant au grand magnat de la presse William Randolph Hearst. C'est l'un des plus grands admirateurs de l'aviateur Charles Lindbergh, ce qui est paradoxal quand on sait qu'il déteste l'accusé. Le fait de lui payer sa défense est-il pour lui une manière de s'investir dans le procès pour garantir la sanction la plus élevée, où simplement s'assurer des informations de premier plan pour son journal ? Difficile à dire. La défense de la famille Lindbergh en qualité de partie civile est assurée quant à elle par le colonel Henry S. Breckinridge qui a servi notamment d'intermédiaire, auprès de son client dans le paiement de la rançon.

Les preuves présentées sont accablantes pour l'accusé, les 11 000 dollars restant sur les 15 000 de la rançon, une échelle artisanale retrouvée à son domicile avec de l'équipement de menuisier, des échantillons de bois et l'expertise graphologique qui conclut à l'écriture parfaitement identique présente dans la lettre de demande de rançon, jusqu'aux fautes d'orthographe. Des témoins affirment même que c'est l'homme qui a pris possession de la rançon, sa voix a formellement été identifiée. Il était absent, le jour du paiement, de son lieu de travail. Sans oublier, naturellement notre fameux garagiste qui atteste que c'est lui qui a dépensé les dollars or dans son établissement pour le plein de sa voiture.

Bruno Richard Hauptmann se défend contre les preuves certes solides, mais qu'il juge indirectes et nie son implication dans cette affaire jusqu'au bout. Pour lui la boite contenant les dollars or a été laissée par son ami Isidor Fisch parti en Allemagne. Certes on peut lui reprocher de les avoir dépensés, mais c'est tout. Le fait que ce dernier soit décédé de la tuberculose en 1934 complique la marge de manœuvre de la défense, la privant d'un témoignage qui aurait pu s'avérer crucial. L'accusé clame une dernière fois son innocence avant d'être jugé coupable et condamné à la chaise électrique.

Le gouverneur du New-Jersey, Harold G. Hoffman rend visite plusieurs fois en toute discrétion au condamné dans le couloir de la mort en compagnie de sa sténographe Anna Bading qui parle couramment l'allemand. Le gouverneur à la suite de ses différents entretiens essaie de convaincre les autres membres de la Cour de révision et d'appel, devenue aujourd'hui la cour suprême de l'Etat, de rencontrer Hauptmann. Le gouverneur est animé par le doute sur sa culpabilité mais se voit dans l'incapacité de réussir à convaincre les autres membres afin de réviser le procès.

C'est dans la prison d'Etat de la ville de Trenton, capitale du New Jersey, que Bruno Richard Hauptmann est exécuté par chaise électrique le 3 avril 1936 par le célèbre exécuteur Robert G. Elliott. La chaise électrique, surnommée Old Smokey (la vieille fumante), avait eu raison de cette célèbre affaire une fois que le condamné a dégusté son dernier repas : céleri, poulet, frites et pois cassés pour terminer par des cerises et un gâteau. Les journalistes présents eurent deux versions. Pour certains il s'est rendu à la chaise sans dire un mot, pour d'autres il clama son innocence.

La veuve de Richard, Anna Hauptmann, fait les démarches pour récupérer le corps de son époux. Elle réussit à obtenir une permission spéciale pour faire sortir hors de l'Etat son défunt mari. C'est dans le Queens au crématorium de Fresh Pond à Maspeth que fut célébré l'enterrement religieux avec deux pasteurs luthériens qui célèbrent le culte en allemand. Seule solution pour elle, car dans l'état du New Jersey la célébration publique est interdite pour les meurtriers. Six personnes sont seulement autorisées à assister à l'office. Un peu plus tard, Anna rapatrie les cendres en Allemagne.

Comme toutes les grandes affaires, elle a son lot de révisionnistes qui doutent de la culpabilité du condamné et comme à chaque fois, la police et la justice sont soupçonnées, leur impartialité mise en cause. L'affaire Lindbergh n'échappe pas à la règle. L'un des témoins qui a aperçu Hauptmann près de la propriété est atteint de cataracte, l'autre est connu comme étant un escroc. On raconte également que la police a battu l'accusé durant son arrestation, qu'elle a fait pression sur des témoins, pressée par sa hiérarchie de résoudre l'affaire. Les feuilles de présences de Bruno Richard à son travail, falsifiées, comme l'échelle qui aurait été construite par la police. Certains billets provenant de la rançon ont encore été retrouvés pendant de longues années dans l'Etat et à New-York, ils sont détruits au fur et à mesure.

J. Edgar Hoover, le directeur du FBI s'interroge sur l'enquête et le déroulement du procès, ce qui est paradoxal si on en croit son entourage. La veuve d'Hauptmann quant à elle va faire campagne jusqu'à la fin de sa vie pour la réhabilitation de son mari, sans jamais y parvenir. Rien ne permettra de trouver une preuve contraire pour démontrer l'innocence de Bruno Richard. Ce qui restera de cette affaire est surtout, une nouvelle manière de faire en ce qui concerne les enlèvements d'enfants. En effet c'est l'affaire Lindbergh qui désigne à compter de cette année, les enlèvements d'enfants comme un crime fédéral passible de la peine de mort.

Le crime a inspiré plusieurs cinéastes et romanciers « le crime de l'Orient Express » d'Agatha Christie dans l'affaire Armstrong où l'affaire Lindbergh jouée par Anthony Hopkins en 1976 pour n'en citer que quelques uns. Clint Eastwood y fera également allusion dans son film "J. Edgar" en 2011, film consacré au personnage du directeur du Bureau Fédéral des Investigations…

1934 – Bonnie PARKER & Clyde BARROW

Nous sommes à Rowena, un petit village qui se situe dans l'état du Texas, plus précisément au sud-ouest du comté de Runnels. C'est le 1er octobre 1910 que voit le jour une petite fille prénommée Bonnie. Deux premiers enfants composent déjà la famille Parker, Bonnie sera donc la benjamine. Le destin frappe pourtant cette famille seulement quatre ans après sa naissance. Son père décède et sa disparition oblige la famille à déménager à Ciment city dans la maison des parents maternels, dans la banlieue de Dallas ; une plus grande ville qui change un peu les repères de la petite famille.

A l'âge de 15 ans Bonnie Parker est une excellente élève et remporte plusieurs prix notamment en art oratoire, orthographe et écriture. A la fin de la journée, elle travaille comme serveuse dans un café de Dallas, le « Marco's café ». La jeune fille sait qu'elle n'est pas une beauté céleste, toutefois cela ne l'empêche pas de faire les yeux doux aux hommes qu'elle croise ; ses cheveux blonds et ses tenues d'un rouge flamboyant permettent de faire oublier ses rondeurs et sa taille moyenne. Parker sait se mettre en valeur.

Souvent courtisée mais loin d'être frivole, elle ne succombe pas facilement. Son but est surtout de sortir de la précarité et de son quotidien pour fonder une famille. C'est sans doute ce sérieux et sa manière de résister aux avances qui la rendent encore plus désirable aux yeux de ses clients du bar qui se font rabrouer. Elle use de son regard qui dégage un mystère animal à la fois étrange et pétillant. À l'âge adulte, son goût pour l'écriture se traduit par des poèmes tels que « The Story of Suicide Sal » (L'histoire du suicide de Sal) et « Le Trail End », connu maintenant sous le titre de « The Story of Bonnie and Clyde » (L'histoire de Bonnie et Clyde).

Elle a 16 ans quand au cours de sa deuxième année de secondaire, elle fait la connaissance de Roy Thornton. Persuadée qu'il est l'homme de sa vie, elle se laisse embobiner par ce beau parleur et abandonne ses études pour l'épouser le 25 septembre 1926. Elle se fait tatouer sur la cuisse deux cœurs entrelacés où s'inscrivent leurs prénoms. Ce qu'elle ignore ou préfère ignorer est que le beau jeune homme n'est qu'un escroc et un braqueur de banque. Lorsque Roy se fait arrêter en janvier 1929 pour meurtre lors d'un braquage de banque, Bonnie s'écroule de son piédestal. Elle se lasse très vite des visites au parloir qui sont loin d'être sa tasse de thé. Elle met un terme à leur histoire et retourne vivre chez sa mère. Elle recommence à travailler dans les bars en gardant encore un peu plus de distance aux yeux doux que lui font les hommes. Pourtant les deux amoureux ne divorcent jamais. Parker continue toujours de porter son alliance.

En octobre 1929, le pays connaît un krach boursier d'une ampleur sans précédent qui se déroule entre le jeudi 24 octobre et le mardi 29. Le début d'une grande dépression qui reste l'événement le plus célèbre de l'histoire boursière et la plus grande crise économique du 20ème siècle. Ils resteront dans l'histoire comme le jeudi noir et le mardi noir. Aux Etats-Unis, le chômage et la pauvreté explosent. L'Amérique tente de se reconstruire comme après une guerre mondiale qui a anéanti les espoirs et la raison. Le fameux mardi noir a conduit les entreprises à la faillite. Plus d'un quart de la population se retrouve au chômage et pour ceux qui travaillent ce n'est pas vraiment la joie. Le quotidien des habitants du pays de l'oncle Sam, ce sont de longues files d'attente à la soupe populaire. Dans un journal intime qu'elle tient régulièrement, elle parle de sa solitude, son amère déception sur la vie qu'elle mène à Dallas mais aussi de sa grande passion pour le cinéma parlant.

C'est le 24 mars 1909 que Clyde Barrow voit le jour dans une petite ville appelée Télico qui se trouve dans la banlieue de Dallas au Texas. Ses parents sont des paysans démunis qui donnent naissance à six enfants au total. Clyde est le cinquième d'entre eux. La famille se reconvertit dans le commerce en ouvrant une station-service. Clyde est censé aider sa famille mais son engouement pour le travail n'est pas à l'ordre du jour. Il préfère trainer un peu partout et s'adonner à ses deux passions, le jeu et les voitures de grosses cylindrées qu'il "emprunte" régulièrement avec son frère Buck. C'est en 1926 que Clyde est arrêté une première fois pour le vol d'une voiture. Puis une seconde fois avec son frère Buck pour le vol de plusieurs dindes. Les quatre années qui suivent lui confèrent quelques emplois réguliers auxquels s'ajoutent également des attaques à mains armées sur des coffres, magasins et vols de voitures. Régulièrement arrêté, ce n'est que peu de temps après qu'il rencontre Bonnie.

Clyde Barrow ne ressemble guère au prince charmant des plateaux du cinéma hollywoodien. Il est plutôt petit, brun de peau et d'une intelligence moyenne. Son seul atout, un regard qui ensorcèle les donzelles en mal d'amour et dont il sait jouer à la perfection. Il a du charme et la rencontre avec Bonnie parait comme prédestinée. En quelques secondes, c'est le coup de foudre. Leurs regards se croisent, ils se comprennent immédiatement, sans discours ni déclaration d'amour. En avril 1930, Clyde est de nouveau arrêté et enfermé dans la prison d'Eastham. Il est repris au bout d'une semaine après une tentative d'évasion. C'est durant cette détention qu'il bat à mort un autre détenu qui l'a agressé sexuellement. Il signe ainsi son premier meurtre.

En 1932, Clyde est libéré. Jeune et sans scrupule, le couple commence à écumer les Etats-Unis. Leur spécialité : le vol et les attaques dans les stations-services et les épiceries. Les butins sont maigres, ce qui oblige les braqueurs à répéter leurs forfaits régulièrement. Une carrière criminelle en dents de scie interrompue par les arrestations de Clyde pour des faits mineurs. On retrouve les deux jeunes gens au Texas, en Oklahoma, au Missouri, en Louisiane ou au Nouveau Mexique. Certes, Clyde n'est pas très intelligent contrairement à Bonnie, mais il est malin et rusé comme un renard. Il s'amuse à déjouer les efforts de la police qui veut mettre fin à ses exploits. Il réussit, avec beaucoup de culot, à faire croire aux policiers lors d'une arrestation qu'il n'est qu'un pauvre otage séquestré par des bandits, en compagnie de deux de ses complices William Turner et Frank Hardy.

Une autre fois, alors qu'il est en compagnie de Bonnie, il se fait arrêter au volant d'une voiture volée pour excès de vitesse. Avant que le policier ne puisse réagir, Clyde le braque et le fait monter dans la voiture. Quelques kilomètres plus loin, le véhicule tombe en panne de batterie. Il oblige alors le policier à en voler une dans une station-service toute proche et à s'en servir pour remplacer la batterie défectueuse, avant d'abandonner l'agent au bord de la route, riant aux éclats du tour qu'ils venaient de jouer au représentant de l'ordre. Au fur et à mesure des exploits, les attaques se font plus violentes, les stations-services et les épiceries sont remplacées par les banques et les bijouteries. La vitesse des automobiles ne suffit plus et les armes commencent à parler.

C'est en avril 1932 que le premier meurtre a lieu. Au cours de l'attaque d'une bijouterie, John Bucher est abattu. Clyde est désormais fiché et recherché pour meurtre. C'est à contrecœur que Buck, le frère de Clyde, se joint au couple avec sa femme Blanche. Pris dans un assaut de la police, ils sont contraints de prendre la fuite mais sont immédiatement rattachés au couple meurtrier grâce aux affaires laissées sur place. Buck est abattu par la police en 1933 à Lowa. Il succombe à ses blessures à l'hôpital, tandis que sa femme Blanche, arrêtée, est incarcérée dans le pénitencier de l'Etat du Missouri. Quelques semaines plus tard, un autre complice William Daniel est également arrêté. Pour sauver sa tête, il ne fait aucun cadeau à ses complices.

L'histoire du gang fait le tour des Etats-Unis d'Amérique qui n'a pas digéré le krach de 1929. Ils attirent la sympathie chez certains qui les prennent pour des « robins des bois » attaquant des banques pour voler aux riches l'argent des pauvres. C'est grâce à Bonnie qui, avec son talent, décrit aux journaux régulièrement le périple de leurs exploits en se donnant naturellement le beau rôle. Le couple se prend parfois à rêver d'une vie bien rangée, mais il est trop tard, le mal est déjà fait et leurs exploits leurs valent bien des traques. Une fois même, en 1933, la police manque leur arrestation de peu, alors qu'ils se font fièrement photographier devant leur voiture, les armes à la main, par des bambins sous le charme de la légende. Clyde est même blessé à la jambe par une balle. Malgré les soins portés par Bonnie, sa blessure le fera toujours souffrir. Clyde a aussi une douleur sécrète, il souffre d'impuissance et d'une homosexualité refoulée, mais Bonnie ne lui en tient jamais rigueur, c'est une sorte de pacte entériné par le couple.

Le destin du couple meurtrier se scelle avec le meurtre de plusieurs policiers. Le 1er avril 1934, Bonnie et Clyde rencontrent deux jeunes patrouilleurs d'autoroute près de Grapevine dans l'état du Texas. Avant que les officiers puissent se servir de leurs fusils, ils sont abattus. Le 6 avril 1934, c'est un agent de police à Miami, dans l'Oklahoma qui tombe, mortellement blessé.

Les forces du FBI (Bureau Fédéral des Investigations) décident de mettre un terme aux agissements du clan Barrow-Parker. C'est un groupe formé de cinq officiers de la police texane, renforcé par des agents de la Louisiane, qui constitue l'équipe avec à sa tête un officier fédéral Frank Hamer. On examine toutes les pistes, tous les témoignages. On reprend une par une toutes les traces laissées et on vérifie chaque témoin qui a vu ou croit avoir vu les malfaiteurs. C'est grâce à ce travail de fourmi qu'ils sont informés du projet de Clyde d'attaquer une bande près d'Arcadia, en Louisiane. La décision d'une embuscade avant l'entrée dans la ville est prise.

Il est deux heures du matin, le 23 mai 1934, lorsque les forces de police s'installent dans les fourrés situés de chaque côté de la route déserte menant à la ville de Bienville. D'après leurs indications, c'est dans une Ford V8 volée un peu avant par Clyde que le couple a projeté de se rendre à la banque pour effectuer un « retrait ». Le fait d'intervenir avant l'entrée dans la ville permet de diminuer les risques et les victimes potentielles.

La Ford arrive à vive allure vers 9h00 du matin. Les hommes à l'affut attendent de pouvoir identifier formellement Clyde Barrow et Bonnie Parker. Dès que la certitude est là, ils ouvrent le feu. Pas moins de 150 projectiles sont tirés dont 130 impacts sont relevés sur la carrosserie du véhicule qui dérape dans le bas-côté. Clyde n'a même pas le temps de saisir une de ses trois mitraillettes, ou de ses deux fusils, voire de ses douze pistolets posés sur la banquette arrière. Dans la Ford transformée en passoire géante gisent les corps ensanglantés des deux hors-la-loi les plus recherchés d'Amérique. Tandis que Clyde est mort sur le coup, Bonnie décède après un long cri horrifié sur l'épaule de son amant.

Rien n'a été laissé au hasard, les policiers utilisent des fusils à pompe et des pistolets mitrailleurs dont ils vident les chargeurs. Il est hors de question de laisser aux deux criminels l'opportunité de tuer d'autres policiers. Dès que les bruits des coups de feu se sont tus, faisant place au silence, l'épave est approchée par les hommes qui découvrent à l'intérieur un véritable arsenal d'armes et de munitions. On expose au public les dépouilles du couple maudit afin que les derniers récalcitrants puissent bien identifier Bonnie Parker et Clyde Barrow. Les corps des jeunes victimes âgés de 23 et 25 ans sont exposés nus au dépôt mortuaire d'Arcadia où ils sont filmés et photographiés. La Ford V8 est quant à elle protégée par un grillage afin d'éviter le pillage morbide de certains collectionneurs avides de sensations ou désireux d'en tirer quelques billets.

La foule veut voir, veut toucher, tente même d'arracher des lambeaux de Clyde ! Pour Bonnie, la queue devant son funérarium attendant de façon morbide la vision de cette femme criminelle, criblée de balles, est hallucinante. Jusqu'à leur inhumation, ce ne sont que des scènes d'un désordre indescriptible. Ils furent inhumés à 24 heures d'intervalle, Clyde le 25 mai et Bonnie le 26, laissant

CRIMES AUX USA – 01 -

ainsi la possibilité d'assister aux deux spectacles. Perte pour les uns, soulagement pour les autres, les amants inséparables furent inhumés séparément dans le temps et dans le lieu. Désunis pour l'éternité, à moins de se retrouver en Enfer, au-delà de la tombe...

La seule survivante du quatuor infernal, la femme de Buck, devenue aveugle de l'œil gauche depuis sa blessure, est libérée pour bonne conduite six ans après sa condamnation à la prison pour complicité de meurtre sur deux policiers. Elle laisse derrière elle sa carrière criminelle et se remarie avec un certain Eddie Frasure en 1940. Elle décède le 24 décembre 1988 après une vie tranquille jusqu'à son dernier jour.

En 1967, Arthur Penn met en scène une version idéalisée de leur histoire dans Bonnie et Clyde avec Warren Beatty et Faye Dunaway dans les rôles titres. La même année, Georgie Fame rencontre un succès musical avec The Ballad Of Bonnie and Clyde. En 1968, Serge Gainsbourg et Brigitte Bardot proposent à leur tour une version romantique de la vie des amants criminels avec la chanson Bonnie and Clyde. Les paroles de cette chanson sont inspirées du poème de Bonnie Parker, The Trail's End.

Le couple maudit reste une légende dans l'univers criminel, tout comme le deviendra un peu plus tard Jacques Mesrine en France. Le bandit a toujours fait plus rêver que le policier. Sans doute ce goût du risque, cette poussée d'adrénaline qui suscite une envie folle de liberté, loin des devoirs et obligations de chacun et du manque de respect de la vie d'autrui. Pourtant, ces histoires ne doivent pas nous faire oublier que la liberté obtenue par les armes n'est qu'éphémère. La mort, souvent au bout du chemin est, quant à elle, définitive…

1940 – Bruce LEE

Nous sommes à San Francisco, une ville des Etats-Unis dans l'Etat de Californie, célèbre pour le pont du Golden Gate et l'île où se situe l'ancienne prison d'Alcatraz. Le 27 novembre 1940, alors que Lee Hoi Chuen, une star de l'opéra chinois, fait une tournée, son épouse Grace donne naissance à un petit garçon. Le docteur Mary Glover suggère le prénom américain de Bruce. Dans le calendrier astrologique chinois l'année 1940 est sous le signe du dragon. Cette naissance, pour le moins ordinaire, précède une carrière exceptionnelle.

Bruce est âgé de trois ans lorsqu'il part avec ses parents à Hong-Kong située sur la côte sud de la Chine et la ville la plus riche de ce pays. Il est le plus jeune des quatre enfants parmi ses deux sœurs, Phoebe, Agnès et son frère, Peter. C'est un enfant très turbulent, très vif, toujours en mouvement. Sa mère Grace, toujours étonnée par ce curieux phénomène, en vient à s'inquiéter lorsqu'il est immobile quelques instants. Ses parents ont également adopté un fils, Wu Ngan, et son père Lee Hoi Chuen a également recueilli sa belle-sœur, veuve, et ses cinq enfants. C'est dire que la maison est toujours très animée. Si vous ajoutez au tableau les animaux en bonne place : neuf chiens, sept oiseaux et un singe, c'est cette agitation qui permet à Bruce dès son plus jeune âge de jouir d'une certaine liberté.

Bruce, durant son enfance bercée par le milieu du spectacle et du cinéma, est remarqué par un metteur en scène, ami de son père, qui lui confie son premier rôle au cinéma, dans « The Birth of mankind » (la naissance de l'humanité). Vient ensuite « My Son A-Chang » (mon fils Chang). C'est à l'âge de 13 ans que ses parents décident de l'inscrire dans un collège catholique pour personnes de bonne famille : Saint-François Xavier. Mais Bruce est très bagarreur et ne refuse jamais un défi. Il s'impose de manière agressive et veut montrer au monde entier qu'il est le plus fort. Heureusement, son père exerce une bonne influence sur lui et lui prodigue ses premiers cours d'arts martiaux chinois comme le Tai Chi Chuan. Cette complicité permet à Bruce de canaliser son agressivité et d'apprendre à maîtriser sa force. Il tourne plusieurs films toujours avec un personnage de petit dur, obligé de vivre en marge.

Sa carrière est également marquée à l'âge de huit ans par sa participation à un film, « Kid Chueng », en compagnie de l'acteur cantonnais Chow Shui qui est une grande vedette. Le film, à sa sortie sur les écrans, rencontre un énorme succès. Bruce est célèbre du jour au lendemain et le public chinois lui attribue le surnom de « petit dragon », surnom qui lui restera en Asie tout au long de sa vie et ira même s'exporter dans d'autres pays. Plusieurs garçons le reconnaissent dans la rue mais ont le défaut de l'identifier aux personnages de ses films, de petit chef de bande, voyou, bagarreur et voleur. Il devient membre d'un gang de rue « Les huit tigres de Junction Street » et c'est en 1958 que le rôle principal dans « The Orphan » (L'orphelin) lui est confié. C'est également la même année qu'il est arrêté par la police pour une bagarre. Ses parents ne veulent pas que Bruce devienne un délinquant et décident, comme il a la nationalité américaine, de l'envoyer terminer ses études aux Etats-Unis. Il embarque sur le Daisy May avec 100 dollars (93 euros) en poche.

En décembre 1958, Bruce Lee débarque à San Francisco, la ville qui l'a vu naître. Il loge dans le quartier de Chinatown. Quelques mois plus tard, il rejoint Seattle, la plus grande ville de l'État de Washington et du nord-ouest des Etats-Unis. Il trouve un emploi de plongeur la nuit dans un restaurant chinois et la journée s'inscrit au lycée Edison Technical School pour terminer par l'université de Washington où il décroche un diplôme de philosophie. C'est à l'université qu'il donne également des cours d'arts martiaux.

Outre le fait de faire découvrir une philosophie, un sport et une culture, il fait également la connaissance de sa future épouse Linda Emery, une jeune américaine d'origine suédoise qu'il épouse en 1964. Bruce se heurte souvent aux préjugés : la seconde guerre mondiale, celle de Corée attire une méfiance chez certains qu'il s'efforce de combattre grâce à ses connaissances en philosophle. Il apprend à comprendre, écouter et expliquer qu'une culture différente n'est pas un danger mais plutôt un atout, une manière d'aborder les sujets sous un angle différent. Le jeune couple décide de quitter Seattle pour San Francisco. C'est à Oakland que Bruce ouvre sa deuxième salle d'arts martiaux, l'institut Jun Fan. Afin de mieux faire connaître aux américains son art, il n'hésite pas à participer à de nombreux tournois et offrir des démonstrations d'arts martiaux.

Bruce enseigne de plus en plus son art à tous ceux qui le veulent et se spécialise dans un style de kung-fu, le Wing Chung. Linda Lee constate des réticences de la part de la communauté chinoise et des autres écoles. Beaucoup de maîtres ne veulent pas qu'il enseigne à des personnes non asiatiques. Afin de défendre son point de vue sur le partage des connaissances, il est obligé d'accepter un défi lancé par le maître Wong Jack Man. Si le combat est perdu, l'école ferme. Lee remporte le duel mais, très affaibli, ne donne pas suite à la demande de revanche devant un public du maître qui l'accuse de ne pas s'être battu sportivement, en l'absence d'arbitrage.

Bruce sait qu'il est vainqueur mais il est très déçu par son combat qui l'a épuisé. Toutefois, toujours à la recherche de la perfection dans ce qu'il fait, il est amené à réfléchir sur une nouvelle méthode de combat. Loin de vouloir révolutionner les arts martiaux, il décide d'utiliser les atouts de chacun des sports. La musculation, jusqu'ici absente des sports de combat, permet d'obtenir une nouvelle puissance et une résistance non négligeable à la pratique des arts martiaux. Il met donc en place sa nouvelle méthode, le « jeet kune do » (la voie du poing qui intercepte). Toutes les méthodes sont utilisées, analysées et adaptées. La base du Kung-fu accueille des sports comme la boxe anglaise, la self-défense (hapkido), l'escrime ou le kali (art de combat philippin initié par son ami Dan Inosanto). Plus tard le jeet kune do est enseigné aux forces spéciales américaines. Il essaie également de se rapprocher d'une carrière cinématographique, sans succès. A cette époque, l'essentiel de ses revenus vient de l'enseignement. C'est au cours d'exercices d'échauffement particulièrement éprouvants qu'il se blesse, ce qui lui occasionne une paralysie pendant plusieurs mois. C'est à ce moment qu'il décide de mettre par écrit toutes les méthodes qu'il a mises au point. Sa femme les publie en 1975 dans « Le Tao du jeet kune do ».

C'est également au cours de cette année 1964 qu'Ed Parker, une sommité du karaté américain, décide d'inviter Bruce Lee au tournoi international de Long Beach à Los Angeles. La démonstration qu'il fait est époustouflante. Sa performance est entièrement filmée par Ed avec en particulier son fameux coup de poing sans recul. Le film est prêté à Jay Sebring, le célèbre coiffeur des stars d'Hollywood. Parmi ses clients, ce dernier a notamment un certain William Dozier qui n'est d'autre que le producteur de la série Batman. Après avoir vu le petit film, il contacte Bruce Lee. Depuis plusieurs mois, il est à la recherche d'un expert en arts martiaux pour un nouveau projet.

En 1965, Dozier décide de produire la série « Green Hornet » (Le frelon vert). Dans cette mini-série, Bruce tient le rôle de Kato, un majordome et garde du corps masqué qui aide son patron, Britt Reid, un journaliste bien décidé à combattre le crime. Le rôle principal, tenu par Van Williams, ne rencontre qu'un succès mitigé aux Etats-Unis. L'Amérique n'est pas encore prête à idolâtrer un « jaune » dans un rôle phare, même si son talent est reconnu. A Hong-Kong, en revanche, la série remporte un énorme succès et fait de Bruce Lee, une star.

Il ouvre une salle d'arts martiaux à Los Angeles avec son ami Dan Inosanto, un maître dans l'art martial philippin, le Kali Filipino qui se caractérise par l'emploi de bâtons, couteaux, épées et mains nues lors des combats. Green Hornet lui permet toutefois d'avoir quelques entrées au cinéma où il règle quelques scènes de combat avec Sharon Tate et Dean Martin. Beaucoup de vedettes sont attirées par son charisme dont Steve Mac Queen, James Garner, mais aussi le réalisateur Roman Polanski. Le scénariste Stirling Silliphant, le producteur Fred Weintraub, l'acteur James Coburn deviennent ses élèves.

C'est avec l'aide de ses élèves que Bruce Lee rejoint les studios. James Garner réussit à imposer son maître dans un second rôle du film « Marlowe » produit par la Metro Goldwyn Mayer où il interprète le rôle d'un méchant garde du corps. Bien que le film qui sort en 1969 soit un échec, il offre deux particularités, c'est le premier rôle de Bruce à Hollywood et son passage ne passe pas inaperçu lorsqu'il brise une lampe au plafond d'un coup de pied. C'est Silliphant qui propose à Bruce quelque temps plus tard son vrai rôle d'acteur. Le feuilleton « Longstreet » qui raconte les aventures d'un détective aveugle, interprété par James Fibriscus, fait appel à un professeur d'arts martiaux asiatique. C'est Striling qui écrit lui-même le scénario en pensant à son professeur d'arts martiaux. Bruce est littéralement enchanté par ce rôle.

Lors de la promotion de la série et afin de connaître un peu mieux le phénomène des arts martiaux qui commence à prendre une ampleur aux Etats-Unis, Bruce Lee est amené à accorder plusieurs interviews et effectue quelques passages dans des émissions télévisées. C'est ainsi qu'il explique en 1967 que son niveau actuel est dû à la pratique du Wing Chung qu'il a pratiqué avec le maître Yip Man d'Hong-Kong dont il a été l'élève dès l'âge de six ans et ce jusqu'à treize ans. A cette époque, il est un véritable fanatique de cette technique à laquelle il avoue s'entraîner en moyenne six fois par semaine. Son frère Peter ajoute que, même pendant les repas, il frappe de sa main ou de son pied le tabouret ou répète des techniques de combat (katas) devant la glace de sa chambre. C'est en 1956 qu'il quitte son maître, jalousé par les autres élèves qui lui reprochent de progresser trop vite.

Bruce aime déclarer qu'à son sens, 90% des systèmes asiatiques d'auto-défense ne valent rien. Il appuie son analyse en expliquant que sa méthode n'est pas un sport mais un véritable système de self- défense. C'est ainsi qu'à l'entrée de sa salle de Los Angeles on trouve l'inscription suivante : « A la mémoire d'un homme agile dont les membres ont été perclus par les méthodes classiques ». Pour lui, le durcissement du corps par la musculation n'est pas un détail dans la pratique mais un réel module qui permet une meilleure résistance face aux colosses américains. Son entraînement sept jours sur sept commence tôt le matin avec un footing de 4 à 10 kilomètres. Musculation, boxe et sacs de frappe de types différents qui lui permettent d'ajuster la force, la rapidité et la précision. Un mannequin de bois fabriqué par ses soins, « Bodhidharma », lui permet de répéter les figures et conserver à ses membres leur dureté. Bruce a essayé toutes les pratiques de combat, les a analysées, disséquées et restructurées en les améliorant.

Raymond Chow, producteur chinois de la Golden Harvest de Hong-Kong a eu l'occasion de voir la prestation de Bruce dans une émission télévisée. Il trouve un bon scénario et appelle Bruce à Los Angeles. Les deux hommes s'accordent sur les conditions nécessaires pour travailler ensemble. Raymond envoie en émissaire pour traiter avec Bruce une représentante de choix qui n'est autre que la femme de Lo Wei, le metteur en scène de la Golden Harvest. De retour avec le contrat signé, elle précède Bruce qui revient en Asie quelques temps plus tard. Un simple mot laissé à sa femme Linda lui explique son vœu de devenir une vedette de cinéma afin de montrer les vertus des arts martiaux chinois au monde entier.

A son arrivée à l'aéroport, Bruce est fort surpris de sa popularité. En effet, ici à Hong-Kong et dans le reste de l'Asie, la série « Le frelon vert » a été rebaptisée le « kato show ». Le majordome chinois est ici la vedette. Il commence le tournage de « Big

Boss » avec Lo Wei qui est ici le vétéran du cinéma chinois. Les soixante quinze films qu'il a réalisés lui valent le surnom de « John Ford chinois ». Mais les deux hommes ne perçoivent pas le cinéma de la même manière. Tandis que Bruce est habitué aux méthodes d'Hollywood, Lo Wei quant à lui est resté avec les méthodes de Hong-Kong basées surtout sur l'improvisation. Une profonde antipathie commence à naître entre les deux hommes. Chaque plan tourné est sujet à discorde.

« Big Boss », tourné en Thaïlande, est très éprouvant pour Bruce mais il en garde un excellent souvenir car, pour la première fois, il tient le rôle principal. Le film sort sur les écrans en 1971 à Hong-Kong. En moins d'un mois, il rapporte 3 millions de francs (environ 460 000 euros). Raymond Chow sait d'ores et déjà qu'il ne s'est pas trompé en choisissant ce curieux petit dragon. Il lui propose un contrat exclusif de 15 000 dollars à la condition de tourner deux films dans les douze prochains mois. La même année, Bruce revient à Hong-Kong accompagné de sa femme Linda et des deux enfants qu'elle lui a donnés, Brandon et Shanon.

« La fureur de vaincre », son second film, débute assez mal car la tension entre le réalisateur et Bruce s'est accentuée. Tous les deux regrettent de devoir travailler à nouveau ensemble mais le succès de « Big Boss » réussit à leur faire faire chacun un effort. Alors que le premier film démontre la puissance des arts-martiaux, le second est surtout orienté sur la rivalité entre les Chinois et les japonais qualifiés d'envahisseurs. Bruce devient avec ce film une sorte de super héros qui défend la Chine colonisée depuis 200 ans par l'impérialisme japonais. Un messie pour un peuple à la recherche de son identité. Après avoir saccagé le dojo de ses ennemis, Lee prononce la fameuse phrase : « Maintenant vous savez que les Chinois ne sont plus les hommes malades de l'Asie ». D'un film de divertissement, « La fureur de vaincre » devient presque un film politique. Le revers de la médaille commence à devenir pesant. Bruce ne peut plus sortir sans être reconnu. Dans les restaurants il choisit souvent des tables à l'écart pour lui permettre de manger tranquillement sans avoir à signer de nombreux autographes.

La popularité de Bruce ne cesse de croître. Il se replie de plus en plus sur lui-même et fini par se brouiller avec ses amis. Lors de la sortie d'un studio de télévision, il bouscule quelques photographes trop entreprenants. A partir de ce moment, le fossé se creuse entre lui et la presse. Le moindre incident professionnel ou privé est monté en épingle.

En 1972, Bruce demande à Raymond Chow de réaliser lui-même le troisième film : « La fureur du dragon ». Il est persuadé qu'il peut apporter un plus à ce film de combat en s'inspirant des méthodes hollywoodiennes. Cette fois, le scénario est écrit à l'avance, le tournage se déroule en Europe et plus particulièrement à Rome, la capitale de l'Italie. En plus du rôle principal et de la réalisation, il décide de coproduire le film. Mais avec un budget limité, il était impossible de payer toutes les autorisations pour pouvoir tourner à l'intérieur. Plusieurs problèmes naissent avec les exigences de Bruce quand il s'agit de tourner dans le Colisée, un site classé qui accueille de nombreux touristes. L'équipe du film se munit de sacs de voyage remplis de matériel et paie son entrée comme le ferait un simple touriste. Pour le Colisée, n'ayant pas reçu l'autorisation le jour du tournage, Bruce Lee décide de tourner encore en cachette, très tôt le matin, avant l'arrivée des touristes. L'équipe peut finalement tourner pendant cinq heures avec l'accord d'un agent de sécurité. Bruce Lee joue le rôle de Tang Lung, un Hongkongais envoyé à Rome pour aider la famille de son oncle, victime de racket.

Bruce est un bourreau de travail. Il commence à tourner les premières scènes de son film « Le jeu de la mort » qui doit être son chef d'œuvre. Il interprète un champion d'arts martiaux qui doit affronter dans une pagode toute une série d'adversaires pratiquant un style différent à chaque étage. Un expert du coup de pied interprété par Wang In Sik au premier étage, un combattant qui mélange le Kung-Fu style mante religieuse et le Wing Chun par Taky Kimura au second. Vient ensuite Dan Inosanto pour le Karaté Kempo et l'escrime Philippine avec une démonstration de nunchaku. Ji Han-Jae occupe le 4ème étage avec le Hapkido, un art martial coréen. Bruce se réservant le final de son art avec le jeet kune do et son élève le basketteur Kareem Abdul-Jabbar, impressionnant par ses 2m20. Ce film permet à Bruce de pouvoir faire découvrir au public les différents arts martiaux mondiaux.

Mais Lee est obligé d'interrompre son travail car l'instant tant attendu est arrivé. Bruce est enfin sollicité par Hollywood qui lui propose le rôle principal du film de Robert Clouse « Opération dragon ». Il y interprète le rôle d'un membre du temple Shaolin contacté par la police pour infiltrer un tournoi d'arts martiaux. Ce tournoi est organisé par Han, un ancien moine Shaolin qui vit désormais du trafic d'opium et de la traite des blanches. Bruce investit beaucoup d'énergie dans le film, acceptant de régler la plupart des combats et de donner des conseils techniques sur les arts martiaux afin que le film soit plus réaliste. Ce tournage l'épuise beaucoup. Toutefois, il sait qu'il ne peut passer à côté de cette occasion, l'enjeu est pour lui d'une importance capitale et servira certainement la sortie de son film en cours de préparation.

Le 20 juillet 1973, Raymond Chow se rend chez Bruce afin que les deux hommes rencontrent l'actrice taïwanaise Betty Ting Pei. Ils discutent du scénario du film « Le jeu de la mort ». Certes, les cinq combats voulus par Bruce sont terminés, mais le reste de l'histoire reste à tourner, il faut préparer le casting, organiser les repérages et finaliser les détails. La notoriété de l'actrice peut apporter un plus dans ce film qui déjà s'annonce le meilleur du petit dragon. Ils arrivent chez l'actrice à 16h00. Bruce commence à se plaindre de maux de tête, il a l'habitude de ce genre de souffrance qui lui a déjà occasionné des hospitalisations et de nombreux examens. L'actrice lui propose pour le calmer un comprimé d'Equagésic

A 19h30, Raymond Chow prend congés de Bruce et Betty pour se rendre à l'hôtel Miramar, afin de rencontrer l'acteur australien Georges Lazenby. Bruce quant à lui préfère se reposer un peu et lui dit qu'il rejoindra les deux hommes un peu plus tard dans la soirée. Cela fait un moment que Bruce dort, Betty Ting Pei est inquiète, elle essaie à deux reprises de le réveiller sans succès. Il parait dormir profondément. Toujours inquiète, elle se décide à 21h30 à appeler Raymond Chow. Ce dernier revient chez l'actrice et ne parvient pas à réveiller Bruce. Betty décide d'appeler son médecin, le docteur Chu Pho-Hwye, qui, après un premier examen, décide de le faire hospitaliser et appelle une ambulance. Il est 22h30 lorsque l'acteur arrive à l'hôpital. Les médecins tentent de sortir Bruce du coma en lui donnant de l'oxygène et pratiquent des massages cardiaques. Entre temps, Raymond Chow appelle sa femme Linda qui arrive immédiatement. Finalement, le producteur annonce aux journalistes à 23h00 que Bruce est mort.

Le petit dragon bénéficie de deux cérémonies. La première à Hong-Kong qui selon la police réunit entre 10 et 20 000 personnes qui se sont massées sur le cortège. Certaines ont même dormi dans la rue pour s'assurer une première place sur le passage. Bruce repose dans un cercueil ouvert à l'intérieur d'un salon funéraire. Linda et ses deux enfants sont vêtus de blanc. Lo Wei, Raymond Chow, Nora Miao (co-vedette de Bruce) et Georges Lazenby, entre autres, viennent s'incliner devant un autel surmonté d'une photo du défunt. Les 300 policiers ont du mal à contenir la foule avec quelques scènes d'hystérie. La seconde cérémonie a lieu six jours plus tard, Bruce est enterré au cimetière de Lake View, à Seattle. Des funérailles plus discrètes qui rassemblent au plus une centaine de personnes. James Coburn, Steve Mac Queen, Robert Lee, Taky Kimura et Dan Inosanto portent le cercueil.

Les rumeurs sur la mort du petit dragon vont bon train et ne cessent de s'amplifier. Le gouvernement de Hong-Kong est obligé de procéder à l'ouverture d'une enquête officielle le 3 septembre 1973. Elle est dirigée par le coroner Egbert Tung. On établit avec certitude que Bruce se trouve bien chez l'actrice au moment de sa mort. Son producteur a tenté pendant un moment de laisser penser qu'il est mort chez lui pour protéger la famille des rumeurs. Le 17 septembre, sa femme Linda révèle que son mari fumait de temps à autre de la marijuana mais l'expert chimiste conclut dans son rapport que les doses infimes retrouvées dans son organisme ne peuvent expliquer sa mort. Toutefois, c'est à cause de cette déclaration que la compagnie d'assurance refuse de payer la police de deux millions de francs (un peu plus de 300 000 euros). En effet, l'usage de stupéfiants fait parti des clauses restrictives. Le docteur Lam a procédé à l'autopsie trente six heures après le décès. Tous les échantillons prélevés dans l'estomac, le foie, le sang, les urines, les reins et l'intestin ne peuvent permettre de conclure à un empoisonnement.

La cour apprend que Bruce a déjà été victime d'un malaise le 10 mai 1973 dans les locaux de la Golden Harvest. C'est dans le plus grand secret à l'époque que Raymond Chow le fait transporter à l'hôpital. Le docteur Langtord qui le soigne à l'époque se souvient d'un homme mourant qui arrive dans son service avec une forte fièvre et qui respire avec beaucoup de bruit. Plusieurs convulsions ont fait tordre le corps dans tous les sens avec une incapacité de s'exprimer. Il est soigné au mannitol et les examens révèlent une tumescence au cerveau. Deux heures et demie ont été nécessaires pour le réanimer. Il retrouve la parole lors de son transfert dans un autre hôpital où le docteur Woo, un neurochirurgien lui conseille un examen plus approfondi du cerveau. Lee refuse. A Los Angeles, il rencontre le docteur Reisbord qui lui prescrit de la dilantine pour calmer selon lui des dérangements convulsifs d'origine épileptique dont la cause réelle est inconnue. Son frère Peter constate à son retour que Bruce a considérablement maigri. C'est à cette époque également qu'il se fait retirer les glandes sudoripares situées sous les aisselles. Il perd encore dix kilos, ne pesant plus que soixante kilos. Deux traitements journaliers continuent de le soigner, le doloxène pour le dos et la Dilantine, l'antiépileptique.

Le cachet d'Equagésic que Lee absorbe le soir de sa mort est un mélange d'aspirine et de méprobamate. Il peut être dangereux s'il est pris avec de l'alcool mais Bruce n'en avait pas bu ce jour-là. Finalement le docteur Lycette, du Queen Elizabeth Hospital, émet l'hypothèse que la mort de Lee est due à une hypersensibilité à l'Equagésic ayant provoqué une congestion cérébrale. Son médecin explique que le cerveau était gonflé comme une éponge. Finalement les différentes commissions d'enquêtes se rallient au verdict de « mort par inadvertance due à une hypertension due à l'Equajésic ».

En 1978 sort enfin le film « Le jeu de la mort » avec un scénario modifié par rapport à l'idée originale de Bruce Lee. On ne garde que les combats et l'histoire est entièrement réécrite. Billy Lo, star mondiale du cinéma, refuse de travailler pour un syndicat du crime de Hong Kong dirigé par le sinistre Docteur Land interprété par Dean Jagger, malgré plusieurs « avertissements » donnés par Carl Miller, joué par Bob Wall, le champion de karaté des malfaiteurs. Après que Billy s'est fait passer pour mort, lors d'une tentative d'assassinat, ce dernier subit une chirurgie esthétique et décide de retrouver un par un tous les auteurs de sa tentative d'assassinat. C'est Robert Clouse, le réalisateur du film « Opération dragon » qui a la lourde tâche de terminer l'œuvre de Bruce Lee. Kim Tai Chung sert de doublure principale, il fait l'intégralité des scènes parlantes et les coups simples des bagarres.

Quelques années plus tard, c'est le fils de Bruce, Brandon Lee, qui décède lors du tournage du film « The crow ». Le 31 mars 1993, l'acteur Michael Massee doit tirer sur Brandon avec un pistolet chargé à blanc. Lors de la détonation Brandon s'écroule. Ce qui parait être une blague du comédien en ne se relevant pas devient une tragédie. Il meurt à l'âge de 28 ans. Les rumeurs vont bon train et le spectre d'une machination ou d'un assassinat rejaillit comme pour la mort de son père. L'autopsie conclut à un accident à la suite d'une erreur d'un des artificiers. Mais comme toute bonne légende qui se respecte, le mystère subsiste…

1947 – Alphonse CAPONE

Nous sommes aux Etats-Unis, plus précisément à Brooklyn, l'arrondissement le plus peuplé de la ville de New York quand, le 17 janvier 1899, Alphonse Capone voit le jour. C'est le quatrième enfant d'une fratrie de neuf. La famille Capone n'est pas américaine, comme son nom l'indique, mais d'origine italienne, de la région de Naples, capitale de la province et de la région de Campanie. C'est la misère qui les a conduits dans ce grand pays pour essayer de profiter du « rêve américain ».

Son père Gabriele est barbier dans la ville italienne de Castellammare di Stabia, dans la province de Naples. Il devient d'abord caissier dans une épicerie puis réussit à ouvrir un salon de coiffure qui fait aussi office de barbier. Quant à sa mère, Teresina Capone, née Bandiera Raiola, elle est couturière. Comme la plupart des Italiennes, elle est catholique et très croyante, originaire de la ville d'Angri dans la province de Salerne. C'est en 1893 exactement qu'ils arrivent à New-York avec deux enfants en bas âge alors que la mère attend son troisième qui sera le premier à naître aux Etats-Unis.

Ils habitent un appartement pour le moins vétuste au 95 Navy Street, près du chantier naval, mais la famille Capone déménage souvent durant l'enfance d'Alphonse, tout en restant naturellement à New-York. Le père doit attendre 1906 pour être enfin naturalisé. Alphonse peut faire valoir d'excellents résultats scolaires dans les écoles catholiques qui, pour la plupart, sont fréquentées par des immigrés et où la discipline est stricte. Pourtant, à l'âge de 14 ans il décide d'arrêter ses études à la suite d'une sanction infligée pour avoir frappé un de ses professeurs. C'est ainsi qu'il fait la connaissance d'un certain Johnny Torrio, un voisin qui est un patron de la pègre. Outre le contrôle sur la loterie du quartier italien, il possède plusieurs bordels et tripots de jeu. Il devient le mentor du jeune homme à qui il confie de temps à autre des petites « missions ».

Pour sa couverture, il exerce des petits boulots comme commis dans une confiserie ou encore coupeur de papier. Il rejoint certaines bandes de quartier comme les « Brooklyn Rippers » (les éventreurs de Brooklyn) les « Forty Thieves Juniors » (les 40 voleurs juniors) ou encore les « Bowery Boys » (les garçons clochards), avant de rejoindre le célèbre « Five Points » (le gang des cinq points) dirigé par un certain Frankie Yale qui n'est autre que l'un des principaux maîtres dans la pègre new-yorkaise. C'est grâce à Torrio qu'il est présenté à Frankie qui l'embauche d'abord comme barman et videur dans son bar le « Harvard Inn » situé sur Coney Island, une ancienne île devenue péninsule et située à l'extrême sud de l'arrondissement de Brooklyn. Il est alors âgé de 18 ans.

Un soir, alors qu'Alphonse est de service au bar, il voit arriver un fidèle client, Franck Gallacio, un célèbre mafieux local. Il veut que le barman lui présente ses excuses pour avoir insulté sa sœur alors qu'il se trouvait de service en qualité de videur à l'entrée d'une discothèque. Dans la dispute, il entaille violemment le jeune homme à la joue gauche. Ce sont ces cicatrices qui lui valent le surnom de « Scarface » (le balafré). Pendant de nombreuses années, il mentira en prétextant qu'elles étaient des blessures de guerre et les cachera à chaque photo. Toutefois aucune de ses connaissances n'osera utiliser le terme de « Scarface » au risque de le mettre en colère. A la demande de son patron, Alphonse, qui préfère désormais le diminutif de Al, s'excuse auprès de Gallaccio.

Pour sa famille, Al veut devenir respectable et trouver un bon travail. C'est ainsi qu'il épouse Mae Coughin une femme d'origine irlandaise qui lui a déjà donné un fils le 30 décembre 1918. Ce qui est paradoxal quand on sait pour quel motif Al Capone est tombé, c'est que l'emploi choisi pour la firme de construction de Peter Aiello n'est autre que comptable dans la ville de Baltimore, au nord-est des États-Unis, dans l'État du Maryland, un des plus grands ports maritimes de la côte Est.

C'est le décès de son père Gabriele d'une crise cardiaque, le 14 novembre 1920 à seulement 55 ans, qui va mettre fin à la vie respectable d'Al Capone. Deux raisons à cela restent les plus probables : la perte du repère paternel, mais aussi l'invitation de Torrio à Chicago, la troisième plus grande ville des États-Unis, située dans le nord-est de l'État de l'Illinois, pour lui indiquer les possibilités qui peuvent se présenter de se faire un maximum d'argent dans la capitale de la région du Midwest. La collaboration de Torrio et Capone commence et les emmène vers les plus hautes sphères du crime organisé.

Les affaires de Torrio, qui est en plus le parrain du fils de Capone, sont très lucratives. Elles ne rapportent pas moins de 10 millions de dollars par an, grâce notamment au commerce de la bière, tolérée à la condition que son taux d'alcool soit faible, et de la prostitution. 800 hommes forment l'organisation qui peut ressembler de l'extérieur à une véritable entreprise, dans cette période de prohibition que traverse l'Amérique. Cette loi du 29 janvier 1919, mise en application et votée définitivement en octobre, vise dès le 16 janvier 1920 à interdire, la fabrication, le transport et la distribution d'alcool, ce qui a pour effet de développer une quantité de bars clandestins. Face à cette situation, les forces de l'ordre furent donc chargées de détruire le matériel des distilleries et des brasseries afin de mieux contrôler l'entrée des marchandises aux frontières américaines.

Capone comprend très vite que malgré sa carrière qu'il commence au bas de l'échelle de la pègre comme rabatteur d'une maison close, son destin prometteur est déjà tracé. Il multiplie les rencontres et les contacts pour contribuer à former sa légende mais aussi pour apporter la crainte et le respect. Torrio décide d'en faire son bras droit en 1922 avant d'être rejoint par son frère Ralph et Armand Taheri qui viendront renforcer l'équipe. Son salaire de 25 000 dollars par an (un peu plus de 23 000 euros) est au-delà de ses espérances, du moins au début. Al a les dents longues, il aime l'argent et le pouvoir.

En 1923, le maire de Chicago, William E Dever, ne se laisse pas facilement convaincre à fermer les yeux sur les bars clandestins, ce qui oblige Capone et Torrio à changer de quartier général pour se rendre dans la banlieue et ainsi échapper à son pouvoir juridictionnel. C'est en 1924 que Jake

Guzik, un proxénète notoire, devient le trésorier de l'organisation. Al Capone admire énormément Jake et pour le lui prouver, il décide d'abattre de six balles de révolver un braqueur, Jow Howard, pour une remarque antisémite faite dans un bar situé sur South Wabash Avenue. Malgré son interrogatoire, Capone est relâché faute de preuve. Une épidémie foudroyante d'amnésie s'est abattue sur les témoins. Il faut dire que « Scarface » sait se montrer très persuasif.

Al sait qu'à force d'attendre patiemment sa chance, en réalisant des coups d'éclats pour assoir son autorité et s'attirer le respect, son heure viendra. C'est à la suite d'une fusillade en 1925 que Torrio, gravement blessé, décide de prendre sa retraite dans sa ville natale d'Italie. Il abandonne fièrement les commandes à Capone qui semble, selon lui, le mieux placé à mener ses affaires pour leur assurer la prospérité qu'il a toujours voulue. Pourtant Al décide de changer radicalement de méthode, il ne souhaite pas à son tour être victime d'une fusillade. Il décide donc de mener une guerre sans merci à ses principaux rivaux Bugs Moran et Hymie Weiss.

Il met en place une corruption des fonctionnaires de police et des hommes politiques sans précédent. Sa renommée devient internationale, la crainte de ses hommes et la peur de ceux qui veulent le défier grandit au fur et à mesure des opérations menées de façon spectaculaire. Capone ne laisse aucune chance au hasard et entend bien faire comprendre à qui veut l'entendre qu'il est le chef incontesté de la pègre. Il profite également des élections de 1924, dans la commune de Cicéro en banlieue de Chicago, pour truquer le scrutin. Il terrorise les électeurs et se permet de changer les bulletins dans les urnes pour les remplacer par ceux de son candidat. La violence et l'intimidation dont fait preuve Capone arrivent aux oreilles du juge du comté, Edmund J. Jarecki, qui met en place une force de police de près de 70 hommes en civil dans des voitures banalisées.

Les forces de l'ordre aperçoivent Frank Capone, le frère d'Al, posté devant la centrale électrique. Le chauffeur freine brusquement et les hommes sortent du véhicule, mais voilà, Frank qui croit à une attaque d'une bande rivale essaie de sortir son arme. Il n'en a guère le temps, une rafale de plusieurs fusils le coupe en deux. Les policiers vont jusqu'à vider entièrement leurs armes sur le cadavre du pauvre bougre de 29 ans.

Le gang d'Al Capone organise pour son frère des funérailles grandioses. Le cercueil plaqué argent, orné de 20 000 dollars (18 400 euros) de fleurs sur l'habitation de la victime donne le message sans équivoque de la puissance du nouveau maître de Cicero. A Chicago, Capone transforme le Lexington Hôtel en un véritable château où il bâtit son empire. Volets blindés, hommes en arme dans le hall. Désormais, il gère 161 bars clandestins et 150 tripots basés à Cicero. S'ajoutent à ça les 22 maisons de passe qui lui permettent de cumuler au total 105 millions de dollars (un peu plus de 966 000 euros) par an. Les coûts de fonctionnement sont très élevés : en effet 30 millions (environ 27 600 euros) représentent déjà les « pots de vin » versés à la police. Malgré tout, les bénéfices restent élevés. Chaque homme qui travaille pour lui encaisse 250 dollars (230 euros) par semaine et Capone ne s'habille qu'avec des costumes sur mesure à 5 000 dollars (4 600 euros).

Les affaires sont prospères et Capone n'hésite pas à éliminer au fur et à mesure tous les rivaux qui peuvent s'avérer gênants entre 1925 et 1932. Il devient ainsi le maître incontesté de la prohibition et du vice. Redoublant d'intimidation, il n'est jamais condamné, faute de témoins qui continuent de souffrir d'amnésie, même lorsque sa participation ne fait aucun doute. Un sérieux adversaire d'Al Capone devient sa cible principale. Georges Moran et les membres les plus proches de son gang deviennent les victimes du balafré qui leur tend un piège.

En 1929, sous le prétexte d'écouler une cargaison de whisky de contrebande, il attire les hommes de Morane dans un guet-apens. Le 14 février 1929, jour de la Saint Valentin, trois hommes déguisés en policiers se présentent dans l'entrepôt où est livré le camion. Deux hommes en civil les rejoignent. Les membres du gang ne s'en inquiètent pas, pensant qu'il s'agit une fois de plus d'une descente de police. On leur demande de s'aligner contre un mur tandis que les hommes de Capone ouvrent le feu, vidant les chargeurs de leurs mitraillettes aidées des calibres 45. Les experts ne retrouvent pas moins de 100 projectiles. Ce jour-là, Moran échappe au massacre car il ne se trouve pas sur les lieux. Malgré l'alibi que Capone s'est fabriqué, les autorités décident tout de même qu'il faut qu'il soit condamné. En ce qui concerne les témoins, il décide lui-même d'exécuter à coups de batte de baseball les auteurs du massacre, ainsi personne ne pourra le dénoncer.

Pour calmer l'opinion publique choquée par le massacre de la Saint Valentin, Capone est condamné à une peine de prison pour port d'arme illégal. Il « accepte » cette condamnation qui lui permet de prendre du recul. C'est en août 1929 qu'il effectue neuf mois à l'Eastern State Penitentiary. Il s'offre le luxe de faire aménager sa cellule de façon très luxueuse, à faire pâlir les autres détenus, avec des meubles anciens et de la moquette. Dehors plusieurs manifestations anti-prohibition se mettent en place pour démontrer la responsabilité de cette loi dans le massacre.

En 1930, Murray Humphreys, un nouvel associé de Capone lui suggère d'autres sources de revenus. En effet, il considère que sur le lait, il est possible de se faire des marges plus importantes pour diverses raisons : ce n'est pas interdit donc moins risqué à transporter et d'autre part, le nombre de clients est plus important car les enfants en consomment. Al est séduit et décide de faire enlever le président du syndicat local des livreurs de lait. Il réclame 50 000 dollars (46 005 euros) pour sa rançon et utilise cet argent pour créer sa propre entreprise de livraisons. Il décide d'embaucher des chauffeurs non syndiqués pour réduire les coûts. Meadowmoor et Meadowmoor Dairies, ses deux sociétés, font baisser les prix et se partagent le monopole du lait sur le marché.

A Chicago, Al Capone devient à 31 ans l'homme le plus puissant. Son revenu principalement issu des rackets et du proxénétisme est évalué à 6 millions de dollars (5 520 euros) par semaine. C'est sans compter sur la crise de 1929 qui voit s'effondrer la bourse le 29 octobre. Beaucoup d'entreprises font faillite et la crise gagne le monde entier. En 1931, elle est loin de s'arranger et de nombreux chômeurs peuplent les rues de la ville dont certains n'ont même plus de toit pour dormir. C'est à ce moment-là que Capone a une idée. Afin de faire oublier son image néfaste d'ennemi public numéro un, il décide d'offrir une soupe populaire sur South State Street durant tous les mois d'hiver.

Le dernier jeudi du mois de novembre, tous les Américains se réunissent en famille pour partager la traditionnelle dinde de Thanksgiving et le gâteau au potiron. C'est la fête de la moisson célébrée aux États-Unis, le quatrième jeudi de novembre. Ce jour-là, férié depuis 1941, les sociétés américaines remerciaient Dieu par des prières pour tous les bienfaits que la nature donne durant l'année par les récoltes. À cette date, Capone décide de donner à manger à plus de 5 000 personnes. Il s'attire ainsi les bonnes grâces de la population et de l'église qui voient en lui un bienfaiteur. Mais il agace le fisc qui commence à se demander d'où vient cet argent.

Le gouvernement fédéral est persuadé qu'une partie de la crise est due aux spéculations et aux manœuvres frauduleuses. Il décide ainsi de renforcer les contrôles fiscaux. Pour le cas de Capone, il décide de faire appel à un agent du trésor, Eliot Ness, affecté au bureau de la prohibition. L'administration lui donne carte blanche pour choisir ses collaborateurs qu'il recrute lui-même, faisant un point d'honneur à éliminer tous les candidats portés sur l'alcool, le jeu, ou dont l'intégrité n'est pas au-dessus de tout soupçon. Il forme une équipe avec, entre autres, Frank J.Wilson, agent du service des impôts, pour former les « Incorruptibles ».

Les autres membres de l'équipe sont tout aussi impitoyables dans leur quête contre la fraude. Martin J. Lahart un Irlandais fervent de sport, Samuel M. Seager, le dur-à-cuire et ancien gardien au couloir de la mort à Sing Sing, Bernard V. Cloonan un Irlandais « géant » et musclé, Thomas Friel, un ancien membre de la police d'État de Pennsylvanie, Joseph Leeson, le génie de la filature, Paul W. Robsky, un petit homme au courage extraordinaire, Michael King au talent particulier d'analyste des faits, Bill Gardner, un ancien footballeur professionnel, Jim Seeley, un ancien détective privé et Albert H. Wolff, transféré à Chicago peu après le Massacre de la Saint-Valentin.

Ralph, l'autre frère d'Al Capone, a déjà fait les frais de l'administration fiscale et de la police qui l'ont déjà arrêté pour fraude fiscale. A défaut de pouvoir prouver les actes de rackets et les meurtres, les agents se tournent désormais vers les dépenses exorbitantes des membres du gang, en décalage complet avec leurs déclarations de revenus. C'est ainsi que Jake Guzik, le financier, est également dans l'incapacité de justifier ses dépenses. L'enquête est longue et minutieuse. Le fisc va même jusqu'à comparer dans les boutiques de Chicago le prix des meubles, de sa vaisselle et même des sous-vêtements qu'il possède. Al Capone envoie un avocat pour essayer de négocier avec le fisc pendant plus de deux années, mais peine perdue, l'Etat ne transige pas et lui réclame les sommes. Capone refuse.

Si le fisc tient bon et que le balafré ne cède pas, l'inévitable se produit. Le 5 juin 1931, il est inculpé de 22 chefs d'accusations dont celui de fraude fiscale. L'acte d'accusation résume une enquête précise de 3 680 pages dactylographiées remises au juge James Herbert Wilkerson qui refuse le plaider coupable de ses avocats. Les faits sont trop graves : outre la fraude fiscale, il est reproché à l'accusé des infractions aux lois sur la prohibition et même si les preuves viennent à manquer, tout le monde connaît très bien les activités criminelles d'Al Capone. Dos au mur, dans une ultime manœuvre, il tente une nouvelle fois de corrompre le jury. C'est sans compter sur la sagacité du juge qui au dernier moment décide d'intervertir les membres du jury avec ceux d'une autre affaire jugée dans une salle voisine. Al décide de plaider non-coupable.

Le 7 octobre 1931, le procès peut commencer. Une première dans l'histoire. Les journalistes et les curieux se pressent pour essayer d'obtenir une place dans la salle, qui risque de faire date. Après les délibérations, Al Capone est condamné le 24 octobre 1931 à une peine de 17 années de prison dont 11 ans fermes et 50 000 dollars (46 005 euros) d'amende, ce qui peut paraître très peu si on considère les meurtres à son actif perpétrés au nom du commerce d'alcool. Les frais de justice d'un montant de 30 000 dollars (27 603 euros) sont ajoutés. Devant le refus du juge d'accorder la liberté sous caution, Al est transféré à la prison du comté de Cook. Capone fait appel de la décision. Une fois l'appel rejeté, c'est Eliot Ness qui se fait un plaisir de l'accompagner à la prison d'Etat d'Atlanta en 1932. Là encore, contre toute attente, il continue de gérer tranquillement ses affaires.

En 1934, le gouvernement fédéral transforme la prison militaire de l'île d'Alcatraz, située dans la baie de San-Francisco, en une prison modèle où toute évasion est rendue impossible. Toutes les lettres sont censurées puis retapées par les gardiens qui suppriment les nombreux sujets interdits : entreprises, anciens associés... jusqu'aux nouvelles quotidiennes. Les journaux sont en effet interdits, et les magazines doivent dater d'au moins sept mois. Les prisonniers sont totalement coupés du monde. Les seules informations récentes viennent des nouveaux arrivants. C'est à ce titre que le balafré entre dans cette institution qui se veut moderne, plus pour le symbole que pour la poursuite de sa peine. Soumis à un régime plus sévère, il est régulièrement placé en isolement, pour avoir tenté, entre autres, de soudoyer un gardien. Les opposants à la loi sur la prohibition se font de plus en plus entendre en avançant deux arguments de poids, la privation des libertés individuelles et le manque à gagner de l'Etat sur les taxes à encaisser de la vente d'alcool. Ils considèrent également qu'à moindre échelle, la loi est également responsable de la crise économique. En effet, la fermeture de plusieurs distilleries a été la cause de l'augmentation du chômage en creusant le lit de la crise de 1929. C'est ainsi qu'en avril 1933, le président Franklin Roosevelt décide d'abroger définitivement la loi, ce qui permet à l'Etat d'encaisser de nouveaux impôts.

La fin de la prohibition sonne la fin de l'empire d'Al Capone. Les rentrées d'argent se font rares et la fortune se dilapide petit à petit. Atteint de la syphilis depuis sa jeunesse, la maladie évolue vers une neurosyphilis qui détériore sa santé physique et mentale. A l'époque, peu de traitements existent pour soigner cette Maladie Sexuellement Transmissible (MST). La pénicilline n'a pas encore été découverte par Sir Alexander Fleming. Renvoyé à Terminal Island dans la banlieue de Los Angeles, il passe sa dernière année de détention à l'infirmerie. Il est rendu à sa famille en 1939. Sa femme Mae l'emmène à l'hôpital de Baltimore où il est soigné jusqu'en mars 1940 alors que sa dégénérescence mentale lui provoque de plus en plus de troubles amnésiques.

Nous sommes le 21 janvier 1947 lorsque dans sa propriété de Palm Island située à Miami Beach, Al Capone est victime d'un malaise qui lui fait perdre connaissance. Victime d'une apoplexie (un arrêt brutal des fonctions du cerveau), il tombe dans le coma avant de contracter une pneumonie. Il décède le 25 janvier 1947 d'un arrêt cardiaque. La presse de l'époque n'en fait qu'un modeste écho, quelques lignes à l'intérieur des quotidiens, placées bien après les résultats du baseball.

Le balafré appartient au passé d'une Amérique qui a choisi de ne pas se souvenir de ses heures noires. Inhumé dans un premier temps à Chicago sur le Mont Olivet Cemetery avec son père Gabriele et son frère Frank, ses cendres sont transférées en mars 1950 au cimetière du Mount Carmel, là où reposent plusieurs gangsters célèbres, dans la banlieue de Chicago. Une page des Etats-Unis se tourne presque dans l'indifférence totale. Même si quelques badauds regardent encore vers la carrière criminelle du balafré ou du mythe qu'il a suscité.

Mais qu'est devenu Eliot Ness, après que Capone a été condamné ? L'agent du trésor public qui n'a jamais réussi à intégrer le Bureau Fédéral d'Investigations (FBI), travaille encore pour la justice jusqu'en 1942 où il endosse les fonctions de chef de la sécurité publique à Cleveland, une ville du Midwest des États-Unis située dans l'État de l'Ohio. Ce qui est paradoxal, c'est que ce célèbre agent qui a lutté pour la prohibition a dû quitter ses fonctions car il a été rendu responsable d'un accident de la circulation en état d'ébriété. Eliot Ness décide de partir pour Washington et travaille pour le gouvernement avant de démissionner en 1944. Il devient alors président d'une société de sécurité, se présente à l'élection de Maire de Cleveland, sans succès. Ness décide alors de partir pour la Pennsylvanie. Il se met à rédiger ses mémoires, « Untouchables », (les incorruptibles) qui ne paraitront qu'après sa mort le 16 mai 1957 d'une crise cardiaque. Il était alors âgé de 54 ans.

1954 – Samuel SHEPPARD

C'est à Cleveland, une ville du Midwest des États-Unis située sur la rive sud du lac Érié, dans l'État de l'Ohio, que nait Samuel Sheppard le 29 décembre 1923. Son père pratique l'ostéopathie, une méthode de soins qui s'emploie à déterminer et à traiter les restrictions de mobilité qui peuvent affecter l'ensemble des structures composant le corps humain. Avide de son succès, il finit par fonder sa clinique.

Sam bénéficie d'une enfance sans histoire, entouré de l'amour des siens. Il se distingue par des études secondaires remarquables et surtout par un goût très fort envers le sport. La compétition l'intéresse énormément, mais c'est pour perpétuer une tradition familiale qu'il se tourne vers la médecine. Certes, le plaisir n'est pas le même que celui rencontré dans la pratique sportive, mais tout comme ses frères, il commence ses études à Cleveland pour les terminer à Los Angeles en 1948, deuxième plus grande ville des États-Unis après New York. Elle est située dans le sud de l'État de Californie, sur la côte pacifique. Afin de marcher dans les pas de son père, il choisit également l'ostéopathie et travaille, ainsi que ses frères, dans la clinique paternelle.

Quelques années auparavant, Marilyn Reese succombe au charme du jeune docteur qu'elle épouse en 1945. Elle lui donne un fils et la petite famille s'installe à Bay village dans sa maison de Lake road, dans une banlieue calme de Cleveland réservée à une clientèle huppée, sur les bords du Lac Erié. La naissance de leur enfant amène quelques soucis dus certainement au traumatisme de Marilyn qui a perdu sa mère décédée en lui donnant naissance. Une crise conjugale qui va durer plusieurs années développe chez son épouse une peur pathogène pour les rapports sexuels.

Dans la soirée du 3 juillet 1954, le couple dine en compagnie de ses voisins Don et Nancy Ahern. Une fois le repas terminé, les hôtes prennent congés aux environs de minuit. Fatigué par une journée harassante, Sam est déjà endormi sur le canapé du rez-de-chaussée sans avoir pris la peine d'enlever la tenue légère qu'il avait enfilée, un simple t-shirt blanc sur un pantalon marron et une veste côtelée. Passant par la porte arrière de l'habitation, Nancy se souvient avoir vérifié que cette dernière était bien verrouillée.

Il est très tôt le matin lorsque le docteur Sheppard est réveillé par les cris de sa femme qui dort au premier étage. Il s'élance pour savoir pourquoi son épouse enceinte de 4 mois appelle au secours. Quand il entre dans la chambre, un inconnu lui porte un coup qui l'assomme tandis que Marilyn se trouve au sol, baignant dans une mare de sang, à moitié nue. L'homme assez grand, les cheveux ébouriffés, n'a sans doute pas frappé assez fort et quelques minutes après, Sam entend des bruits au rez-de-chaussée. Le docteur se relève et poursuit l'agresseur de sa femme qui s'enfuit sur la plage. Au terme d'une bagarre, il est de nouveau mis KO.

Spencer Houk, le maire de Bay Village, sursaute dans son lit à 05h45 lorsque le téléphone retentit. Il décroche pour entendre son ami Sam Sheppard lui demander de venir, avec cette simple déclaration : « Viens vite, je crois qu'ils ont tué Marilyn ! » Il se rend sur place, accompagné de son épouse, et arrive sur les lieux dix minutes plus tard. La pièce est sens dessus dessous, la commode de l'entrée fouillée tout comme la trousse du docteur qu'il retrouve le visage tuméfié, dans un état second, avec son pantalon mouillé.

Le maire se rend au 1er étage pour découvrir le corps inanimé de Marilyn qui fait apparaître pas moins de 35 blessures à la tête. Il est clair que l'agresseur s'est acharné sur sa victime. La police qui arrive sur les lieux aux environs de 06h00 conduit Sam à l'hôpital de Bay View pour subir des examens et le soigner de ses blessures. En plus des traces importantes au visage, on décèle une vertèbre cervicale touchée. Les policiers du comté de Cuyahoga relèvent plusieurs anomalies dans les déclarations du docteur sur l'attaque dont il a été victime avec son épouse. Le beau docteur, ancien champion de football, est une célébrité locale qui attire les jalousies à cause de sa parfaite réussite. Héritier d'une lignée de médecins, il créé parfois un certain agacement de ses voisins, tout comme son épouse qui pratique le ski nautique sur le lac Erié en mini short.

La maison ne présente aucune trace d'effraction alors que la voisine atteste avoir fermé la porte de derrière après leur repas. Aucune empreinte n'est relevée et aucun signe du mystérieux agresseur que Sheppard dit avoir frappé. Si on ajoute à cela la violence dont ce dernier a fait preuve pour nuire à la vie de Marilyn, la thèse du simple cambriolage est très vite écartée. L'arme du crime n'est pas retrouvée et la veste côtelée avec laquelle Sam s'était endormi sur le canapé est retrouvée pliée soigneusement dans un placard. Le docteur Sheppard devient donc le principal suspect.

Ce qui complique un peu plus la défense du docteur est que ce dernier, dans un premier temps, nie avoir des difficultés au sein de son couple, alors qu'il a une maitresse qui profite de la presse à sensation pour faire des déclarations explosives sur leurs ébats amoureux dans sa Jaguar, voire dans une chambre de la clinique. Le tirage des journaux double de manière spectaculaire, toute la presse fait ses choux gras de cette affaire à sensation aux multiples rebondissements. Elle se partage la couverture avec les amours de Marilyn Monroe avec Joe Di Maggio, un joueur de baseball qu'elle épouse en 1951 alors que le sportif a pris sa retraite. Bien que le mariage de l'icône et du sportif ne dure qu'un an, ils restent très proches et continuent d'alimenter la presse à scandale. Avec l'affaire du docteur Sheppard, les journalistes ont autre chose à se mettre sous la dent, les relations de Marylin et du sportif s'épuisent peu à peu. Pour la presse, cela ne fait aucun doute, Sheppard a tué sa femme au cours d'une dispute conjugale pour aller rejoindre sa maitresse.

Sur conseil de son avocat, le docteur refuse l'épreuve du détecteur de mensonge et garde le silence. Il n'en faut pas plus aux journalistes pour conclure à un aveu de culpabilité. La presse titre dans ses chroniques en date du 28 juillet 1954 : « Vous pouvez parier que l'affaire Sheppard aurait été réglée depuis longtemps si elle avait impliqué de petites gens. Sheppard, ignoble menteur, est encore libre de mener ses affaires, protégé qu'il est par une famille influente et un avocat d'une rare efficacité. Le 31 juillet a lieu l'audience préliminaire, il n'arrive pas à convaincre le juge qui le place sous mandat de dépôt. Sheppard décide de plaider non coupable.

Le tribunal de Cleveland se réunit le 18 octobre 1954 pour statuer sur son cas. Mais voilà, devant le battage médiatique autour de cette affaire, la constitution du jury s'avère très compliquée. Tous les jurés tirés au sort ont déjà des idées préconçues et les récusations ne sont pas inépuisables. L'avocat de la défense demande, sans pouvoir l'obtenir, que l'affaire soit jugée dans une autre ville. C'est le 4 novembre que le juge désigne le docteur comme le meurtrier de son épouse qu'il a assassinée pour rejoindre sa maîtresse. L'absence d'effraction au domicile est pour lui une preuve indiscutable. S'il on rajoute la déclaration de sa voisine madame Ahern, citée à comparaitre le 8 novembre, qui déclare : « Marilyn semblait très amoureuse de son mari mais je ne sais pas si lui aimait autant sa femme ». Le clou est enfoncé. Esther Houk, la femme du maire déclare que Sam et Marilyn s'étaient disputés à de multiples reprises au sujet de questions financières. Elle s'étonne aussi que le chien des Sheppard ne se soit pas manifesté si quelqu'un avait pénétré dans l'habitation du couple.

Enfin, le 16 novembre, le médecin légiste Gerber affirme qu'il a distingué sur l'oreiller de la victime une marque qui a pu être faite par un instrument de chirurgie, sans pouvoir le désigner. La police n'a trouvé sur les lieux aucun de ce supposé instrument mais cette déclaration d'un expert a certainement influencé les jurés.

Susan Hayes, identifiée comme la maitresse du docteur, témoigne à la barre qu'elle entretenait une relation depuis le début de l'année. Sheppard se trouve donc en position d'adultère, ce qui dans l'Etat de l'Ohio est passible d'une peine de prison, mais plus encore car lors de l'audience préliminaire, ayant affirmé qu'il n'avait pas de relation autre qu'avec sa femme, il s'est rendu coupable de parjure. Sam donne l'impression au procès de dire rarement la vérité, il déclare toutefois avoir plusieurs relations extra conjugales mais sans donner le nom de ses conquêtes.

Le frère du docteur Stephen Sheppard déclare à la barre que le meurtrier pourrait être tout aussi bien l'un des prétendants de Marilyn. C'est ainsi qu'on apprend que le Maire de la ville Houk a pendant deux longues années fait une cour effrénée à l'épouse de son ami. Propos confirmés par la femme de ménage qui travaille chez les Sheppard qui ajoute même que ce dernier s'est rendu plusieurs fois dans la chambre de Marylin. Les vêtements de l'accusé sont examinés, les murs de la chambre sont remplis de sang, alors que le docteur ne montre sur ses habits aucune trace. Le docteur décrit son agresseur comme un colosse, portrait confirmé par deux témoins et voisins Leo Stawicki et Richard Knitter qui affirment avoir aperçu ce genre d'individu la nuit du meurtre entre 2h00 et 4h00 du matin.

Le combat entre l'accusation et la défense va bon train. Alors que l'une des parties accuse le docteur en se basant sur le fait que son pantalon était mouillé à l'arrivée de la police, et pour cause, afin d'enlever les traces de sang, elle ajoute que ce dernier s'est fait lui-même les traces au visage. La défense contre-attaque en expliquant que les enquêteurs ont trouvé dans la salle de bains, un fragment de dent qui n'appartient ni à Marylin, ni à Sam Sheppard. Si nous ajoutons les traces de pas féminins trouvées sur la plage, il faut en conclure que certes, le médecin a sans doute été infidèle, mais cela ne fait pas de lui un meurtrier.

Le 17 décembre, le jury se retire pour délibérer. Il ne lui faut pas moins de 10 jours pour parvenir à un verdict. Samuel Sheppard est reconnu coupable de meurtre au second degré, en fait de violences volontaires sans intention de donner la mort. Le juge Blythin prononce la sentence : prison à perpétuité.

Loin de s'avouer vaincu, l'avocat du docteur décide de faire appel à l'un des plus grands criminologues des Etats-Unis, Pail Leland Kirk, qui donnera plus tard son nom de Kirk à l'American Academy of Forensic, une société de médecine légale basée à

Colorado Springs. En examinant la scène de crime, il en déduit avec certitude qu'une tierce personne est entrée dans la chambre. Sur l'une des armoires de la chambre, figure une trace de sang qui n'appartient à aucun des membres de la famille. Quant au fragment de dent, il l'explique par une morsure défensive de Marilyn pour échapper à son agresseur alors qu'elle luttait pour sa vie. Sam ne porte sur le corps, aucune trace de morsure. L'une de ses dernières conclusions démontre que l'assassin était gaucher si on se réfère aux traces de sang laissées sur le mur, or Sheppard est droitier.

Le juge Blythin ne se montre pas convaincu par les conclusions de l'expert et refuse la révision du procès le 10 mai 1955, un revers pour la défense. Le refus est confirmé par la cour d'appel de l'Etat de l'Ohio même si dans ses conclusions elle admet la forte influence des journalistes dans le déroulement de l'enquête. C'est ensuite la cour suprême, le 31 mai 1956, qui maintient le jugement. Toutefois, deux de ses juges estiment que les preuves présentées lors du procès sont insuffisantes pour condamner le docteur. Ils estiment que le magistrat a sans doute été influencé par les journalistes.

La défense demande donc un nouveau procès mais reçoit une fin de non recevoir. En effet, les sept membres refusent de reconsidérer l'affaire. Pour eux, l'influence subie ne suffit pas à ouvrir un nouveau procès. Le 19 décembre 1956, le docteur

Sheppard a déjà vu fondre une partie de sa fortune, ses frais de justice s'élèvent alors à 100 000 dollars (92 596 euros) depuis le début de cette affaire.

Après plusieurs appels rejetés, un juge de la cour fédérale des États-Unis fait droit à son recours fondé sur l'habeas corpus le 15 juillet 1964. On ordonne à l'État de l'Ohio de libérer Sheppard et de lui accorder un nouveau procès. Le cas est examiné par la Cour suprême des USA qui retient que la condamnation de Sheppard est le résultat d'une atmosphère de « carnaval », le juge ayant refusé d'isoler le jury, lui intimant d'ignorer les reportages dans les médias et parlant au chroniqueur de presse Dorothy Kilgallen avant que le procès ne commence.

Au terme d'un second procès, le 24 octobre 1966, le docteur Sheppard fut acquitté, non parce qu'on le pensait innocent, mais parce que ses avocats avaient démontré qu'un procès équitable était impossible. Entre-temps, il a perdu son honneur, son métier, son fils unique, Sam Jr lui a été enlevé, son père et sa mère qui s'étaient suicidés de honte, lui-même ayant sombré dans la drogue et l'alcoolisme.

Sam Sheppard livre une autre bataille pour avoir le droit de pratiquer à nouveau la médecine. Reprise de courte durée car le 3 décembre 1967, il démissionne de son poste qu'il avait obtenu à l'hôpital de Yougstown. Un patient a déposé une plainte pour erreur médicale. Le docteur essaie au plus de survivre, la liberté lui laisse un gout amer. Il devient catcheur dans les années 1970. Il remporte un combat professionnel et épouse la fille de son manager. Sam apprend alors qu'il ne lui reste que six mois à vivre. Le 6 avril 1970, atteint d'une cirrhose il est retrouvé mort à 46 ans étouffé par son propre vomi. Son fils, Sam Jr ne l'oublie pas et mène le combat de l'innocence.

Nous sommes en 1990 lorsque Samuel Sheppard Jr reçoit un appel téléphonique pour le moins étrange. Un mystérieux informateur qui désire garder l'anonymat lui décrit l'assassin de sa mère. Il fait référence à un laveur de carreaux, Richard Eberling, que la famille Sheppard avait l'habitude de solliciter. C'est durant cette période que l'homme connu dans la région, pour être suspecté d'une centaine de cambriolages purge une peine de prison à perpétuité pour le meurtre d'une impotente dont il a falsifié le testament afin d'hériter de ses biens.

En 1996, Sam junior décide de lancer une procédure pour tenter d'innocenter son père décédé. C'est une équipe bénévole de détectives et d'avocats qui reprend l'enquête. Les différentes analyses pratiquées confirment qu'il y avait bien un autre homme dans la chambre de Marylin. Tout comme le célèbre criminologue Pail Leland Kirk l'avait démontré quelques années auparavant. Si l'affaire est rouverte, le fils du docteur sait qu'il devra en plus poursuivre le médecin légiste de Bay Village, pour avoir dissimulé les preuves de ce mystérieux agresseur.

Richard Eberling a en effet travaillé chez les Sheppard au moment du meurtre. Il explique son sang retrouvé sur les lieux par une blessure au doigt durant son travail à leur domicile. Mais une perquisition à son domicile va permettre de retrouver un diamant appartenant à Marylin. Si on en croit une infirmière, Richard s'est même vanté à plusieurs reprises d'avoir assassiné l'épouse du docteur, déclarant même à ses codétenus : « Dire que c'est son connard de mari qui a porté le chapeau ! ». Sam junior, à la lumière de ces indications décide officiellement de porter plainte contre l'Etat de l'Ohio pour l'accusation injustifiée de son père et son emprisonnement. Le procès s'ouvre dans le courant de l'année 2000, malheureusement entre temps Eberling décède en prison.

Dix semaines de procès et 76 témoins ont permis au jury de délibérer trois heures pour conclure le 12 avril 2000 que le docteur Sheppard a été placé en prison injustement, même conclusion que le précédent procès. Personne ne dit que le docteur Sheppard est innocent, mais qu'il n'a pas bénéficié de la présomption d'innocence. En un sens, ses droits ont été bafoués. Les témoignages des proches d'Eberling admettent que ce dernier aime donner des versions pour le moins fantaisistes de cette soirée tragique et qu'il est connu comme un menteur patenté dans le seul but de se donner de l'importance. D'autre part, son passage au détecteur de mensonges avant sa mort prouve qu'il a dit la vérité lorsqu'il admet enfin être étranger au meurtre de madame Sheppard. Les investigations menées prouvent également que la bague retrouvée chez lui a été volé en 1957, soit trois ans après les faits. Pour terminer ses empreintes n'ont jamais été retrouvées sur les lieux du crime.

Plusieurs personnes aujourd'hui encore pensent que le docteur Sheppard est réellement l'auteur du meurtre de son épouse et s'appuient sur plusieurs indices, le chien n'a pas aboyé, preuve que l'agresseur était connu, l'argent et de nombreuses valeurs sont oubliées sur place, preuve que le cambriolage semble avoir été simulé, et surtout si l'agresseur a pénétré par le rez-de-chaussée, pourquoi ne pas avoir agressé en premier le docteur Sheppard qui dormait dans le canapé, supprimant un éventuel obstacle à son méfait ?

De 1963 à 1967, une série télévisée « Le fugitif » s'inspire de ce fait réel avec 120 épisodes qui retracent la traque d'un certain Richard Kimble, un médecin accusé à tort du meurtre de sa femme qui décide de retrouver lui-même son auteur, un manchot. C'est en 1993 que cette série est adaptée au cinéma dans le film « Le fugitif » avec Harrison Ford dans le rôle du docteur Kimble. C'est un nouveau tournant pour la carrière de l'acteur qui est classé « numéro un » au box office dès sa sortie.

Tommy Lee Jones dans le rôle du Marshall chargé de le poursuivre est récompensé du Golden globe et de l'oscar du meilleur acteur dans un second rôle.

On interroge une nouvelle fois la population de Bay village en 2014 et elle se prononce à près de 60 % pour la culpabilité du docteur. Entre temps, la maison des Sheppard est rasée en 1993 pour faire place à une nouvelle construction. Ce meurtre sans auteur formellement identifié demeure une énigme....

1962 – Albert DESALVO

C'est le 3 septembre 1931 que le jeune Albert Desalvo voit le jour à Chelsa une ville du comté de Suffolk dans l'État du Massachusetts, dans le nord-est des Etats-Unis près de Boston. Ses parents Frank et Charlotte ont cinq autres enfants. Charlotte n'a que 15 ans lorsqu'elle rencontre Franck. Ce dernier, pompier puis agriculteur, sombre très vite dans l'alcool. D'un caractère violent, il bat son épouse et ses enfants très régulièrement et se fait arrêter à plusieurs reprises par la police. Les enfants ne connaissent la paix que durant ses périodes d'incarcération.

Franck apprend très tôt au jeune Albert à voler, à dès l'âge de cinq ans. Il aime également ramener des prostituées au domicile familial, obligeant ses enfants à assister à ses ébats amoureux. Albert aura sa première expérience sexuelle alors qu'il n'est âgé que de huit ans. Sa mère, durant ce temps, n'était pas une épouse aimante et ne s'occupait pas très bien des enfants, préférant les sorties nocturnes.

Pendant son adolescence, Albert commet plusieurs délits : cambriolages, « coups et blessures », car il a un faible pour la bagarre, mais également des violences sur des animaux, ce qui lui vaut un séjour en maison de correction à l'âge de 12 ans. Une fois libéré, il recommence ses cambriolages. Entrer chez les personnes, surtout dans une chambre de femme, lui provoque une grande excitation.

Pour tenter d'échapper à cette spirale infernale, Desalvo décide de s'engager dans l'armée le 3 septembre 1948. C'est grâce à cette institution qu'il va découvrir les valeurs qui lui ont manqué : la stabilité, la discipline et le respect. Participant aux épreuves sportives, il se découvre une passion pour l'art de la boxe jusqu'à devenir deux fois champions des poids moyens de l'armée en Europe. Basé à Francfort en Allemagne, à 22 ans, il rencontre Irmgard Beck, qui deviendra son épouse. A partir de ce moment, il cesse de s'intéresser aux autres femmes.

En 1955, le couple donne naissance à leur premier enfant, une petite fille prénommée Judy, atteinte malheureusement d'une malformation pelvienne. La vie du couple s'en trouve affectée. Irmgard, afin d'éviter toutes nouvelles grossesses limite au maximum les rapports sexuels avec Albert qui de son côté a toujours eu un fort appétit sexuel, lui demandant, parfois, jusqu'à cinq ou six rapports par jour. Pourtant en 1960, un second enfant nait, un garçon. Michael voit le jour sans aucun handicap physique. Desalvo décide de quitter l'armée et de rejoindre sa ville natale où il exerce plusieurs petits boulots.

Il essaie d'avoir une vie normale pour offrir du confort à sa famille, d'être un époux tendre malgré la froideur de son épouse, mais continue de lutter contre ses pulsions qui le forcent à commettre des faits répréhensibles. C'est le 17 mars 1961 que Desalvo est arrêté par la police pour avoir tenté de pénétrer dans une maison. Il est condamné à 18 mois de prison et à un bilan psychiatrique. Les médecins affirment qu'il présente des traits schizoïdes (troubles de la personnalité). Malgré ce diagnostic, il ne bénéficie d'aucun soin. Grâce aux remises de peine pour bonne conduite, il ne fait que 11 mois de prison et recouvre la liberté en avril 1962. De retour chez lui et pour éviter le divorce, il promet à Irmgard de « se tenir à carreau » Il trouve un emploi et se rend chez des particuliers pour réparer des chaudières.

Le 14 juin 1962, dans le quartier de Gainsbourg Street, un jeune homme, Juris, tape au domicile de sa mère Anna Slesers. Il doit l'emmener à une messe de l'église lettonne mais cette dernière ne répond pas. Inquiet, il décide de donner un coup d'épaule dans la porte. L'appartement, plongé dans l'obscurité, a été fouillé. Il découvre sa mère étendue devant la salle de bains, la corde de son peignoir enroulée autour du cou. Les enquêteurs, James Mellon et John Driscoll, découvrent que la femme ne s'est pas suicidée mais a été étranglée. Elle a également subi des violences sexuelles à l'aide d'un objet. D'autre part, son autopsie mettra en lumière plusieurs coups portés à la tête avant son étranglement.

Le 2 juillet suivant, la police découvre le corps presque nu d'Hélène Blake, une infirmière en retraite, dans un immeuble de la Newhall Street de la ville de Lynn. Elle a été étranglée avec un bas nylon et a subi des violences sexuelles avec un objet bien qu'elle n'ait pas été violée. Des traces de sperme sont retrouvées sur l'une de ses cuisses. Le même jour, Nina Nichols est assassinée dans son appartement au 1940, Commonwealth Avenue, à Boston. Son beau frère n'est autre que le procureur Chester Steadman. Elle a également été agressée sexuellement avec une bouteille jusqu'à provoquer des saignements, son assassin a éjaculé entre ses cuisses. McNamara, le préfet de police, décide de mettre en garde les femmes de la région et de se méfier des étrangers. Les congés des policiers sont annulés et il ordonne aux officiers du département homicide d'en faire une affaire prioritaire.

Le 19 aout 1962, c'est Ida Irga, une veuve russe de 75 ans qui est étranglée dans son appartement du quartier ouest de Boston. Retrouvée dans une position gynécologique face à l'entrée, elle a été agressée sexuellement avec un objet, avant d'avoir été frappée. Son appartement avait été fouillé par son assassin mais il n'avait rien emporté. A peine 24 heures plus tard, c'est le tour de Jane Sullivan, mais son corps ne sera découvert que le 30 aout par son neveu. Le corps git dans la baignoire avec le bas nylon autour du cou. La décomposition avancée du corps ne permet pas d'affirmer avec certitude qu'elle a été agressée sexuellement, mais on découvre un manche à balai taché de sang. La panique s'empare de Boston jusqu'à soupçonner les postiers comme les releveurs de compteur. La presse titre sur l'assassin, tantôt « l'étrangleur fou » tantôt « le tueur du soir ». Les femmes achètent des chiens et barricadent les issues de leur maison. La police redouble d'efforts.

Le 5 décembre c'est le corps de Sophie Clark, âgée seulement de 21 ans, d'origine afro-américaine, qui est retrouvée par ses colocataires étudiants. Allongée sur le dos, étranglée avec l'un de ses bas nylons porteurs d'un nœud bouffant qui commence à devenir célèbre. Elle a été violée et du sperme est retrouvé sur le tapis entre ses jambes. Malgré les points communs avec les précédentes victimes, Sophie était plus jeune et son assassin a violé lui-même sa victime sans recours à un objet. Trois semaines plus tard, c'est Patricia Bissette, âgée de

23 ans, qui est découverte à son domicile à la suite de l'inquiétude de son employeur devant son absence. Placée dans son lit, elle a été également étranglée avec un bas nylon et violée alors qu'elle était enceinte d'un mois. Son assassin n'avait pas fouillé son appartement et la serrure avait été crochetée. La police se retrouve déconcertée face aux différences des crimes et émettent l'hypothèse qu'il y a deux étrangleurs à Boston.

Beverly Samans manque son cours de chant à l'église unitaire de Biston le 8 mai 1963, ce qui inquiète son fiancé. Possédant une clé, il décide de se rendre à l'appartement du 4, University road. C'est en ouvrant la porte qu'il découvre le corps de Beverly dont les jambes écartées sont attachées au support du divan. Bien qu'étranglée avec des bas nylons et une écharpe blanche, sa mort est surtout due à quatre coups de couteau portés à la gorge, qui font partie des 22 trouvés en tout sur son corps dont 17 au sein gauche. Durant l'été 1963, plus aucun meurtre n'est attribué à l'étrangleur et les femmes recommencent à sortir le soir en prenant moins de précautions.

C'est à Salem que le 8 septembre 1963, la trêve prend fin. Evelyn Corbin âgée de 58 ans est trouvée assassinée au 224 Lafayette Street, étranglée elle aussi avec ses bas nylons, sa culotte enfoncée dans sa bouche. Le 25 novembre 1963, alors que l'on continue de pleurer la mort du président John Fitzgerald Kennedy assassiné trois jours plus tôt,

Joann Graff est retrouvée violée et assassinée dans son appartement du 54 Essex Street dans la ville de Lawrence. Vue les circonstances nationales, le meurtre de cette jeune femme de 23 ans ne provoque que peu de réaction. Le mode opératoire demeure le même.

Le 4 janvier 1964, ce sont deux jeunes femmes qui découvrent le corps de leur amie Mary Sullivan, une secrétaire de 19 ans, qui n'avait emménagé que trois jours plus tôt. Un liquide coulait de ses lèvres qui après analyse, s'est avéré être du sperme, un manche à balai enfoncé en elle. Le tueur a déposé près du corps une carte de vœux souhaitant « une bonne et heureuse année ». Ce meurtre s'est avéré le plus choquant pour les bostoniens, la colère contre la police commence à monter. Edward Brooke, procureur général de l'Etat annonce dans une réunion au sommet, trois semaines plus tard, la création d'un groupe spécial pour arrêter son auteur opérant dans cinq juridictions différentes. Le risque politique était énorme pour lui car il risquait sa carrière si l'Étrangleur n'était pas appréhendé. A la tête de la division spéciale, un ami proche de Brooke, son assistant John S. Bottomly.

Le 29 avril 1964 le célèbre psychiatre James Brussels, contrairement à ses confrères, pense qu'il n'existe qu'un seul tueur, un schizophrène paranoïde, qui se caractérise surtout par le fait d'entendre des voix et de penser que le monde entier est son ennemi. Selon le profil donné,

119

l'homme est sportif, d'une trentaine d'année sans doute célibataire, de taille moyenne, passant inaperçu en se fondant dans son environnement. Le bureau accueille froidement l'analyse, même si quelques temps plus tard, elle s'avère coller avec plusieurs traits du personnage. En mars 1964, une série d'agressions perpétrées par un mystérieux homme en vert défraie la chronique. Les victimes étaient souvent des femmes d'âge mûr, parfois attachées avec leurs bas ou leur combinaison. Toutes étaient menacées d'un couteau, mais jamais assassinées.

C'est le 2 novembre 1964 qu'Albert Desalvo est arrêté par la police, mais cette fois pour un fait plus grave qu'un cambriolage. Le 27 octobre, il est entré dans un appartement où une jeune femme faisait la grasse matinée pendant que son mari était parti travailler. Réveillée par la présence d'un homme, elle a entendu ce dernier lui dire : « Ne fais aucun bruit ou je te tue ! » sous la menace d'un couteau. Il attache la femme au lit et enfonce une culotte dans sa bouche. Après l'avoir embrassée et caressée, il est sorti de chez elle en lui présentant ses excuses. La jeune mariée a pu observer son visage et permet ainsi à la police d'établir un portrait robot. Les policiers de Cambridge reconnaissent le visage de Desalvo. Il est arrêté et conduit au poste où il est identifié immédiatement par la victime.

Relâché sous caution le 6 novembre suivant, sa photo est diffusée par le réseau télétype de la police qui reçoit de nombreux appels du Connecticut, du New Hampshire et de Rhode Island concernant « l'Homme en Vert ». A chaque arrestation, Desalvo n'a qu'une seule inquiétude, que sa femme le voie avec ses menottes. Elle demande à son mari d'avouer la vérité, ce qu'il fait. Il est entré dans 400 appartements et a agressé près de 300 femmes, beaucoup de ces agressions n'ont jamais été déclarées à la police, plusieurs femmes n'ayant pas le courage d'avouer les sévices que leur a fait endurer Desalvo. Il se confie à un policier puis à son avocat, Jon Asgiersson, qui ne le prend pas au sérieux, lorsqu'il avoue être « l'étrangleur de Boston ».

Le docteur Ames Robey de l'établissement médical de Bridgewater envoie un rapport au juge en décembre 1964 qui stipule que Desalvo souffre d'un désordre de la personnalité et d'une déviation sexuelle. Il déclare toutefois qu'il est « compétent » pour suivre son procès. Albert Desalvo reçoit une visite en prison le 13 janvier 1965 d'un ancien ami, Edward Keaney, avec qui il avait effectué son service militaire en Allemagne. Ce dernier fut choqué de ne pas reconnaître son ami qui lui déclara simplement que même la perpétuité ne serait pas assez dure pour lui faire payer ce qu'il a réellement fait : « Je serai de loin l'homme le plus infâme du Massachusetts. Et ma famille devra changer de nom ». En quittant la prison, Keaney a fortement pensé que son ami était bien « l'étrangleur de Boston ». Le lendemain Desalvo

121

commence à souffrir d'hallucinations auditives et visuelles. Le 25 janvier, son épouse quitte le domicile conjugal pour s'installer dans le Colorado chez un membre de sa famille. Quelques mois plus tard, alors que la cour décide de maintenir Albert Désalvo interné pour le guérir, elle rejoint l'Allemagne avec ses enfants et divorce le 1er décembre 1966.

Les enquêteurs du « bureau de l'étrangleur » ont connaissance du dossier de « l'homme en vert » et devant les similitudes décident qu'Albert Desalvo mérite qu'on s'intéresse à ses déclarations faites d'abord à un codétenu, puis à l'avocat de ce dernier, un certain Bailey. Le 6 mars 1965, c'est le détective Dinatale qui pose les questions dont les réponses ne peuvent être connues que par l'étrangleur lui-même. Desalvo répond avec justesse à toutes les questions. Selon Bailey qui assiste à l'interrogatoire, Albert Desalvo ne se contente pas de raconter une histoire, il revit chaque moment des meurtres et donne des précisions, la couleur d'un tapis, une photographie sur un meuble, avec autant d'impassibilité que s'il racontait ses courses au supermarché. Bailey va désormais s'attacher à la défense d'Albert Desalvo.

Il avoue également deux meurtres non attribués à l'étrangleur : Mary Mullen morte à 85 ans d'une crise cardiaque alors qu'il l'agressait le 28 juin 1962 et celui de Mary Brown, 69 ans, qu'il a battue à mort et étranglée dans son appartement le 9 mars 1963.

Les détails donnés sont aussi précis que dans les autres déclarations. Bailey appelle le lieutenant Donovan et son collègue, le lieutenant Sherry. Ils écoutent Desalvo décrire le meurtre de Sophie Clark. Albert se souvient qu'elle avait ses règles et qu'il avait renversé une chaise en marchant sur un paquet de cigarettes Tout correspondait jusqu'à la marque des cigarettes.

Les entretiens officiels commencent le 17 août 1965 lorsque Bottomly interroge Desalvo en présence de son avocat Bailey. 2 000 pages de retranscription et 50 heures d'enregistrement. Chaque détail est vérifié alors que Brooke et Bailey essaient de trouver un arrangement pour fixer le sort du jeune homme. Bientôt, aucun doute n'est permis, jusqu'au nœud particulier fait par l'étrangleur. Pourtant aucune preuve directe contre lui n'est trouvée à l'époque ou l'analyse ADN n'existe pas encore.

Le 9 janvier 1967 s'ouvre le procès d'Albert Desalvo pour les crimes de « l'homme en vert ». Bailey invoque la démence de son client en présentant deux témoins principaux, les docteurs Robert Ross Mezer et James Brussel. Le 18 janvier, le jury le déclare coupable et prononce une peine d'emprisonnement à l'hôpital de Bridgewater, en attendant qu'il soit transféré dans une prison de haute sécurité. Le 24 février, il s'évade avec deux autres détenus qui se font arrêter dans un bar voisin, tandis que Desalvo entre dans une boutique de Lynn pour téléphoner à Bailey dans le but de se rendre. Il déclare que son évasion n'avait pour seul but que d'attirer l'attention sur son manque de soins psychiatriques dont il estimait avoir besoin. Desalvo désirait une seule chose : qu'on lui permette de comprendre pour quelle raison il a besoin de tuer. Pour seule réponse, il est transféré à la prison de haute sécurité de Walpole, une véritable forteresse. Il ne reçut jamais aucun soin et ne fut jamais ni examiné ni soigné par des psychiatres. Les Etats-Unis vont connaître pendant plusieurs années de nombreux cas de tueurs en série. Ils auraient pu sans doute acquérir beaucoup de connaissances sur « les tueurs en série » s'ils avaient interrogé et tenté de soigner Desalvo, mais il faudra encore attendre les années 1980 pour que le FBI (Bureau Fédéral des Investigations) lance son programme d'interviews avec les tueurs qui s'avère très utile, même de nos jours.

Albert Desalvo est retrouvé assassiné dans sa cellule le 25 novembre 1973, poignardé à plusieurs reprises dans le cœur. L'enquête conclut à une bagarre sur fond de trafic de drogue auquel il aurait été mêlé. On ne saura jamais le nom de son assassin. Plusieurs voix se sont élevées pour émettre l'hypothèse qu'Albert Desalvo n'était pas « l'étrangleur de Boston », depuis que ce dernier, avant son assassinat s'était rétracté. Mais un fait indéniable se produisit : à partir de son incarcération les attaques de ce type cessèrent immédiatement. En octobre 2013, le corps d'Albert Desalvo a été exhumé pour pratiquer une analyse

ADN et le relier au meurtre de Mary Sullivan. Ce que la science de l'époque ne pouvait réaliser. Le résultat fut concluant à 99,99 %. Desalvo était bien l'auteur du crime...

En 1968 le réalisateur Richard Fleischer décide de s'attaquer à l'histoire d'Albert Desalvo plus connu sous le pseudonyme de « l'étrangleur de Boston ». Dans ce film dont le rôle principal est tenu par Tony Curtis, on évoque essentiellement la vie d'un ouvrier-plombier victime du dédoublement de la personnalité.

Pour la petite histoire le réalisateur voulait un acteur pratiquement inconnu du grand public alors que la production, elle, préfère une tête d'affiche comme Warren Beatty, et Ryan O'Neal. Certains témoignent également que d'autres acteurs comme Anthony Perkins, James Caan et Peter Falk ont également passé des bouts d'essai. Anthony Perkins sans doute pour son rôle emblématique dans l'excellent « Psychose » ou encore Peter Falk quittant son imperméable de Columbo.

Lorsque Fleischer propose Tony Curtis il se voit opposer la raison que ce dernier a plutôt un registre d'acteur de comédie notamment avec « Les hommes préfèrent les blondes » sorti en 1953. Qu'à cela ne tienne, il fait habiller Tony Curtis avec de vieux vêtements déchirés, poussant le maquillage à son extrême avec une énorme bosse sur le nez. Il présente une photo prise au producteur Darryl

Zanuck qui déclare enthousiaste : « Fantastique ! Il est parfait pour le rôle, mais est-ce qu'il sait jouer ? ».

Henry Fonda incarne le détective chargé de l'affaire dans ce film réalisé dans un style semi-documentaire multipliant les audaces formelles. L'Étrangleur de Boston est aussi l'un des premiers longs-métrages à utiliser la technique de l'écran multiple. Le film reste humble, le plus fidèle à l'histoire même si certaines libertés ont été prises par le réalisateur sans jamais sombrer dans le sordide comme les scènes de viol jamais portées à l'écran. L'accent est surtout mis sur la confrontation entre le procureur Bottomly et Desalvo, traitée en longs plans-séquences avec une extraordinaire intensité.

1968 – John Wayne GACY

John Wayne Gacy sénior était Irlandais. Il donne naissance à trois enfants. Le premier, une fille Joanne née en 1940, le second John Junior qui voit le jour à l'hôpital D'Edge Water à Chicago, ville située dans le Nord-Est de l'État de l'Illinois, pour la Saint Patrick, le 17 mars 1942. Enfin la plus jeune sœur Karen. Trois enfants bien élevés qui fréquentent une école catholique. Des Irlandais parfaitement rodés à la vie américaine au cours de laquelle il est courant que les enfants accomplissent des petits boulots pour aider leur famille à récolter de l'argent de poche.

Le petit John est du genre bosseur. En plus d'aller à l'école, il distribue le journal à l'aube et travaille dans une épicerie comme commis. Apprécié par ses professeurs et ses petits camarades, John fait aussi partie des scouts. Tout irait bien dans le meilleur des mondes, si ce n'était ses rapports tendus avec son père. Un père alcoolique et brutal qu'il aime par dessus tout mais qui ne lui rend pas vraiment son affection.

Alors que John Wayne Gacy a 11 ans, il est victime d'un accident de balançoire. Il reçoit en effet un choc violent à la tête. L'enfant est abasourdi, on le relève et la vie continue. Pourtant, John devient sujet à des évanouissements certes éphémères, mais fréquents. On mettra cinq années pour découvrir qu'un caillot de sang s'est formé dans une partie de son cerveau. On lui administre alors des remèdes pour tenter de dissoudre ce caillot, mais jamais au cours de sa vie, il ne se sentira débarrassé des conséquences de ce fichu accident.

Cela ne l'empêche pas de poursuivre des études presque normales même si, lors de son adolescence, John souffre du conflit qu'il entretient avec son père. Un homme désagréable qui couramment frappe son épouse et insulte ses enfants. Jamais John senior et John junior ne pourront communiquer comme un père et un fils. Ce sera le regret du jeune homme après la mort de son géniteur à qui il aura voué une affection sans limite. Choqué par cette disparition, durant sa dernière année de scolarité, John fréquente quatre écoles différentes et n'obtiens pas son diplôme. Après cet échec, il quitte la maison familiale pour Las Vegas où il trouve un emploi à mi-temps, peu intéressant, comme portier dans un salon funéraire. Ses perspectives semblent minces, John aspire à une vie meilleure. Au bout de trois mois, il se décide à rentrer chez lui, il a juste de quoi prendre son billet de train. Son retour est salué avec joie par sa mère et ses deux sœurs.

John décide de reprendre ses études. Nous sommes au début des années soixante. Le jeune homme a une qualité qui vaut de l'or : c'est un commercial hors pair. Son nouveau diplôme en poche, il trouve un emploi de vendeur à la Nunnbush Shoe Company. Son ascension est rapide. On lui fait confiance et on lui demande de diriger un magasin d'habillement à Springfield, dans l'Illinois. Dans sa ville d'adoption, Gacy s'investit dans la vie associative. Les gens l'apprécient et le récompensent comme il se doit, il est même élu président du club « Rho of Chi », membre du conseil Catholique d'interclubs, capitaine commandant la défense civile de Chicago, premier vice-président d'une société à laquelle il consacre la majeure partie de son temps où il est nommé « homme de l'année ».

Il semble évident que Gacy prend à cœur sa participation auprès de la communauté. Pourtant, sa santé est déficiente. Il a beaucoup grossi et a quelques problèmes cardiaques. Il est hospitalisé plusieurs fois à la suite de douleurs dans la colonne vertébrale, mais rien n'y fait. John est un brave garçon qui continue à se dévouer pour les autres. Travailleur infatigable, il est cependant obligé de s'arrêter momentanément pour surmenage.

En septembre 1964, Gacy rencontre l'amour. Il épouse Marlynn Myers dont les parents possèdent plusieurs succursales de la chaîne KFC à Waterloo dans L'Iowa, spécialisée dans la restauration rapide. Son beau-père lui propose de diriger l'un de ses restaurants. Tout est alors possible pour John et son épouse, leur avenir semble prometteur. John s'avère être un mari attentionné, malgré ses douze à quatorze heures de travail par jour ; surtout qu'il n'a pas abandonné ses activités associatives. Très vite, Marlynn donne naissance à un garçon, puis c'est au tour d'une charmante petite fille de venir au monde.

Scout dans l'âme, John vise la présidence de cette association importante dans cet état. Il fait campagne, sa notoriété est faite. Pourtant, des rumeurs commencent à circuler en ville concernant ses préférences sexuelles. Il semble que les jeunes garçons ne le laissent pas indifférent et que ses employés soient des victimes de choix. Cependant, beaucoup refusent de croire aux ragots, jusqu'en mai 1968 où les chuchotements se confirment. Gacy est accusé d'avoir commis un « Pacte de sodomie » avec un adolescent, Marc Miller, qui révèle que Gacy l'a violé. L'accusé nie le déroulement des faits et indique que Miller a eu volontairement des relations sexuelles avec lui afin de lui soutirer de l'argent. Cependant, Miller n'est pas le seul à accuser Gacy. En effet, celui-ci a engagé Dwight Andersson pour qu'il inflige une bonne correction à Miller. Le petit voyou réussit à entraîner l'adolescent dans un bois où il le bat. Mais Miller se défend. Bien que durement frappé, il réussit à casser le nez d'Anderson et à s'échapper. Il prévient la police qui arrête l'agresseur. Celui-ci ne va pas tarder à avouer le contrat qu'il a passé avec Gacy.

Gacy est arrêté, soumis à un examen psychiatrique qui conclut à sa responsabilité avec toutefois une tendance à ne pas respecter les règles de la société. Gacy plaide coupable et avoue avoir pratiqué la sodomie avec Miller, sans son consentement. Il écope de dix années de prison au centre d'éducation surveillé de Iowa. John Wayne Gacy Junior a 26 ans lorsqu'il entre dans le milieu carcéral pour la première fois. Choquée, son épouse demande et obtient le divorce. John est un prisonnier modèle. Il bénéficie d'une liberté conditionnelle, 18 mois seulement après son incarcération.

Le 18 juin 1970, les portes de la prison s'ouvrent, Gacy retrouve son lieu de naissance, Chicago. Il s'installe durant quatre mois chez sa mère. Il semble s'être racheté une conduite à tel point que sa famille va l'aider à acquérir une maison à la limite de la ville. Gacy semble heureux dans cette bâtisse qui ressemble aux ranchs des années cinquante. Il entretient d'excellentes relations avec ses voisins et se fait rapidement des amis. Mais une « nouvelle pulsion » s'empare de lui, il fait des propositions à un jeune homme rencontré dans un tram qui ira se plaindre. Gacy est en conditionnelle, il risque gros. Il réussit à persuader l'entourage du jeune homme de stopper l'affaire. Il est de nouveau libre de ses faits et gestes. Le 1er juin 1972, il épouse en deuxième noce Carole Hoff, une femme divorcée qui a deux filles. Gacy a su convaincre Carole qui croit avoir trouvé là un nouveau père pour ses enfants.

Elle est au courant des démêlés judiciaires de John mais espère que désormais tout est rentré dans l'ordre. Carole et ses filles s'installent avec Gacy. Les relations avec le voisinage sont toujours aussi bonnes et les parties de barbecue fréquentes et joyeuses. Tout se passe bien, mais, un petit incident va ébranler la vie paisible de la communauté. En effet, depuis un certain temps, on remarque une odeur pestilentielle aux alentours de la maison de Gacy. On croit à un rat crevé et ses voisins l'invitent à régler le problème. Celui-ci « pense » que ce sont les canalisations qui sont la cause de cette abominable odeur.

Ce que l'on ne sait pas, c'est que depuis longtemps John Wavne Gacy a dépassé le stade de simple violeur. Il tue. Les choses se tassent, Gacy semble si convivial. Un jour il invite plus de trois cents personnes à un gigantesque barbecue. John est un homme apprécié qui aime se sentir important. En 1974, Gacy monte une entreprise de peinture et de décoration et embauche plusieurs apprentis. Il dit à ses amis qu'il a recruté ces jeunes pour éviter des charges sociales trop lourdes, mais ce n'est pas la seule raison, il espère se fournir ainsi un vivier pour pouvoir assouvir ses fantasmes homosexuels.

Carole et John sont désormais un couple à la dérive. Gacy est d'humeur changeante, capable d'être gentil et aimable puis la seconde d'après devenir violent et tyrannique. Insomniaque, il ne rentre plus que très rarement chez lui prétextant des rendez-vous à l'extérieur. Carole est délaissée et découvre des magazines homosexuels dans la maison. Gacy avoue alors son penchant pour les jeunes garçons. Carole décide de divorcer le 2 mars 1976.

Malgré ses problèmes matrimoniaux, Gacy conserve sa notoriété. On l'apprécie dans sa ville et il pense entrer en politique. Ce sera pour lui un aboutissement, une forme de réussite et de dominance sociale. Pour cela, il s'investit encore plus dans le tissu associatif. Ses efforts en ce sens sont remarqués par la population. L'une des activités de Gacy fait fureur. N'est-il pas « Pogo le Clown » qui se dépense sans compter pour aller faire rire les enfants malades dans les hôpitaux ? Cela lui vaut l'amitié de Robert F. Matwick, membre d'une commission démocrate de la banlieue noire pour le parc de Norvvood. Pour récompenser Gacy de ses bienfaits, il le nomme à la commission d'éclairage routier. Il a même l'occasion de rencontrer l'épouse du président Jimmy Carter et posera avec elle pour une photographie qu'elle lui dédicace. Gacy va t-il cette fois atteindre la notoriété qu'il attend depuis si longtemps ? Non, car une fois encore, la rumeur va ternir son image.

Un adolescent de 16 ans, Tony Antonucci révèle que John lui a fait des avances. Gacy s'est montré menaçant mais le jeune Tony s'est saisi d'une chaise et s'est défendu. Gacy a senti le danger et s'est mis à rire. Le jeune homme n'a t-il pas compris qu'il plaisantait ? Oui, mais l'adolescent va parler. Pendant ce temps, Gacy continue ses meurtres. La disparition de jeunes gens inquiète peu les autorités. Gacy, lui, ne risque rien, il est le brave type du quartier.

Le 22 mai 1978, Jeffrey Ringall visite les quartiers populaires de Chicago. Sur son chemin, une Oldsmobile noire barre sa route, le conducteur a l'air débonnaire et entame la conversation. Il propose au jeune homme un tour en ville en fumant un joint de marijuana. Alors que les deux hommes fument, le conducteur arrête la voiture dans un coin isolé et applique avec force un chiffon imbibé d'éther sur le visage du malheureux qui perd connaissance. La voiture redémarre et les rues de la ville défilent. Il se réveillera le matin suivant sous une statue du parc Lincoln de Chicago. Son corps lui fait mal mais il est vivant. Des images lui reviennent, celles de cet homme nu qui le torture et le fait souffrir, il le frappe, le viole. Sa peau est lacérée et des brûlures de cigarettes sont apparentes. Hospitalisé, il raconte son histoire à son amie. La police l'entend, mais est sceptique sur cette histoire de rapt bien que les faits soient là. Ringall a été violemment attaqué par un sadique.

Le 11 décembre 1978, Elizabeth Piest attend son fils Robert pour fêter en famille son 46ème anniversaire. Le jeune homme de 15 ans ne rentre pas, les parents sont inquiets. A 23h30, ils préviennent la police qui entame aussitôt les recherches. Madame Piest informe les enquêteurs que son fils est allé voir un entrepreneur qui lui aurait proposé du boulot pour l'été. Il s'appelle John Wayne Gacy mais son nom ne figure pas dans l'annuaire. Il faudra attendre le lendemain matin à 8h30 pour que l'on découvre les coordonnées de Gacy.

Son téléphone est au nom de son entreprise et les policiers sont inquiets. Gacy a un casier judiciaire. Une heure plus tard, les détectives arrivent chez Gacy qui les reçoit gentiment. Ils lui demandent de les suivre au commissariat mais Gacy répond qu'il ne peut pas. Son oncle vient de mourir. Les policiers insistent, Gacy se met en colère et leur crie : « Vous n'avez aucun respect pour les morts ! » Les policiers l'encouragent à se présenter au commissariat, après avoir réglé les obsèques.

Les parents du jeune Robert sont alarmés. Ils sont persuadés qu'il est arrivé quelque chose de grave à leur fils. Un enquêteur promet de demander un mandat de perquisition dès qu'il aura revu Gacy.

Mais Gacy ne se présentera pas avant 3h30 du matin. Il est couvert de boue et dit avoir eu un problème mécanique. Entre temps, le détective est rentré chez lui. Ce n'est que le 13 décembre à midi qu'a enfin lieu la rencontre entre les deux hommes. Le combat va durer plus d'une semaine. Une semaine de jeu du « chat et de la souris » avec des menaces de Gacy qui finira par porter plainte devant la cour de justice pour atteinte aux droits civils. Gacy n'avoue rien et il est relâché. Mais les policiers le suivent. Deux hommes sont chargés de sa surveillance. Gacy roule dans sa voiture mais d'une façon désordonnée à tel point que les forces de l'ordre l'arrêtent le 21 décembre 1978 et lui recommandent la prudence. Par bravade, Gacy les invite chez lui. En franchissant la porte de la maison, l'agent Schulz est frappé par une odeur qu'il connaît bien. Celle de la mort. Les soupçons sont fondés, l'odeur provient du conduit de chauffage.

Le vendredi 22 décembre 1978, Gacy pressé de questions et devant les preuves accumulées avoue ses meurtres à la police. Avec ses victimes, il devenait barbare, sadique. Il menottait les jeunes gens et les étranglait en les violant. Parfois, il cachait les cadavres sous son lit pendant plusieurs heures avant de s'en débarrasser dans la fosse sanitaire de son immense maison. Ne laissant rien au hasard, il effaçait toutes traces de ses forfaits et reprenait sa bonne petite vie de brave homme comme si de rien n'était.

Bien que la zone où Gacy a opéré soit liée uniquement à Chicago, les enquêteurs pensent que ses meurtres comptabilisés à trente trois ont dépassé les frontières de la ville et que le nombre de victimes est plus important que celui que l'on a pu déterminer, Gacy ayant aussi habité dans la banlieue de Chicago. Pour expliquer ses actes, il évoquera une pulsion due à son enfance. Il serait une sorte de Dr Jekill et Mr Hyde. Gentil dans la vie, monstrueux lors de ses débordements. La première journée où la police commence à creuser dans la maison du suspect, deux corps sont trouvés. L'un d'eux est celui de John Butkovich qui est enterré sous le garage. L'autre corps est trouvé dans la cave.

Chaque jour, le nombre de victimes augmente. Certaines sont trouvées avec leurs sous-vêtements logés profondément dans la gorge, une méthode que Gacy utilisait pour les empêcher de crier. Les tombes sont parfois doubles. L'assassin avoue qu'il a tué plusieurs personnes au cours d'une même journée. En moins d'une semaine, la police met à jour 27 corps. On impute aussi à Gacy le meurtre d'un jeune homme trouvé dans une rivière et dont les papiers ont été découverts dans la maison de l'assassin. Cela met en avant l'hypothèse que Gacy a eu recours à plusieurs méthodes pour se débarrasser des victimes, le terrain de sa maison n'étant pas extensible. Gacy ne nie pas. Il évoque le manque de place et la fatigue. On ne peut pas tout faire. Tuer et enterrer les morts...

Mais les recherches ne se sont pas arrêtées là. La police décide de retourner de fond en comble le terrain et les fondations de la maison. Ainsi, en février, elle découvre un nouveau corps. Il s'agit d'un homme marié. Un nouveau regard sur John Wayne Gacy qui ne s'attaquait, croyait-on, qu'aux adolescents. Après cette 32ème victime, on découvrit un nouveau corps qui avait été jeté dans la rivière et qui avait été emporté par le courant. Les 33 victimes officielles de Gacy ont été retrouvées. Malheureusement, vu l'état des corps, seuls 9 d'entre eux sont identifiés.

Nous sommes le 10 mai 1994, il est 22 heures. Derrière les hauts murs du centre correctionnel de Stateville, John Wayne Gacy attend son heure. Il dîne. On lui a préparé son repas. Du poulet, des frites, des crevettes et des fraises. Le contribuable a payé pour ce repas préparé au restaurant du coin 18,26 dollars. On a donné 20 dollars au livreur et on lui a dit de garder la monnaie. Tout à l'heure Gacy va être exécuté, c'est ce qu'a décidé le tribunal qui l'a condamné. Sa mort est attendue par des milliers de gens qui ont appris dans la presse ses horribles forfaits. Télévisions, radios, presse écrite, tous vont se faire l'écho des dernières heures de celui qui est devenu l'un des plus grands tueurs des États- Unis. Gacy voulait la notoriété, il l'a, oui, mais pas en tant qu'homme mais en tant que monstre.

Tous les proches de John Wayne Gacy comprirent que sous le masque du drôle et affable « Pogo le clown », ami des grands et amuseur des petits, se cachait celui que l'on surnommera désormais « le Clown tueur », l'un des tueurs en série les plus meurtriers du XXe siècle. Il écopa de 21 condamnations à perpétuité et 12 condamnations à mort.

Après 15 années passées dans le couloir de la mort, John Wayne Gacy est docile. Il y a quelque temps, il s'est mis à peindre des tableaux de clowns en entretenant une correspondance amicale avec ses « admirateurs ». Certains ont reçu une œuvre de Gacy en cadeau, qu'ils ont accrochée en bonne place chez eux. On a même établi une ligne téléphonique payante où Gacy laisse des messages écoutés par ses fans. On estime à plus de 2 000 les personnes qui sont présentes pour attendre l'exécution.

Des objets ayant appartenu à Gacy se vendent aux enchères. Les tee-shirts à son effigie s'arrachent à prix d'or. A minuit, on conduit le « clown » vers la scène de son dernier spectacle du centre pénitentiaire de Stateville, près de Joliet dans l'Illinois. Il est ligoté sur la table aseptisée et on lui injecte les doses mortelles. Gacy est mort presque en souriant en emportant ses secrets. Ses derniers mots furent « Kiss my ass », littéralement « Embrassez mon cul », mais qui, dans ce cas, se traduit plutôt par « Allez vous faire foutre ! ». Jamais on ne saura quel est le nombre de ses victimes. Les scientifiques ont dépecé et analysé son cerveau pour tenter de comprendre. Mais pour comprendre quoi ?...

1974 – Ronald DEFEO

Nous nous trouvons à Amityville, un petit village situé sur l'île de Long Island dans l'état de New-York. Là vit une communauté tranquille qui va vivre durant le mois de novembre 1974 une terrible tragédie rendue célèbre, malgré elle, par le cinéma.

Au numéro 112 d'Océan avenue qui se situe dans le quartier aisé, c'est la famille Deféo qui habite une superbe maison de style colonial construite en 1928 et possédant trois niveaux. Auparavant, la famille vivait dans un appartement de Brooklyn, qui se situe également dans l'état de New-York, se trouvant proche de l'emploi qu'occupait Ronald Déféo sénior. Ce sont ses nouvelles fonctions de directeur général de La Brigante-Karl Buick

CRIMES AUX USA – 01 -

Concession sur l'île Coney qui va propulser la famille vers ce nouveau départ. Leur nouvelle maison a une surface habitable plus grande que l'appartement et l'indépendance qu'elle procure va permettre à chacun des membres de la famille d'avoir son propre espace, renforcé par un sous-sol complet, deux étages supplémentaires surplombant un magnifique terrain.

La mère de famille Louise Déféo élève ses enfants dans l'amour et le respect de chacun. La fille Dawn âgée de 18 ans qui aime écouter de la musique, la seconde fille Allison âgée de 13 ans qui adore nager à la piscine en compagnie de ses amis. Mark âgé de 12 ans qui pratique le football, même si une sérieuse blessure l'a contraint à se servir de béquilles et d'un fauteuil roulant durant une courte période. John Matthew âgé de 7 ans et enfin Ronald Déféo junior 23 ans qui a souvent des disputes avec son père notamment au sujet de sa consommation d'héroïne. Et comme beaucoup de familles américaines, un chien Shaggy qui appartient à la race des bergers. Ronald Déféo junior n'obtient pas de bons résultats scolaires, ce qui l'oblige à quitter l'école d'Amityville à l'âge de seize ans. Il essaie de trouver quelques petits emplois mais se fait systématiquement renvoyer par ses employeurs, notamment à cause de ses nombreuses absences. C'est grâce à son père qui l'embauche comme mécanicien au sein de l'entreprise familiale qu'il arrive à exercer un emploi. Mais voilà, le jeune homme utilise l'argent que son père lui donne pour acheter de la drogue, courir les filles et s'adonner à la boisson. En 1973, il assiste à une dispute entre ses parents, il braque son père avec un révolver, mais l'arme s'enraille, le pire est évité. On lui passe tous ses caprices, et malgré tout, Ronald a l'impression de ne rien avoir. Il éprouve un dégout profond pour sa famille mais sait pertinemment qu'il a besoin d'elle. Cruel dilemme que Ronald, surnommé Butch, doit résoudre. Les voisins font état de plusieurs disputes entre Ronald Déféo Sénior et Junior.

Il est 18h35 lorsque le commissariat de police reçoit un appel le 13 novembre 1974. Le propriétaire d'un bar, Joe Yeswit, déclare que plusieurs personnes d'une famille ont trouvé la mort, le seul survivant se trouve chez lui, en proie à une crise de panique. L'agent Kenneth Greguski se rend au 112 océan avenue, rejoint par Ronald Déféo junior en pleurs qui lui indique que ses parents ont été assassinés. L'officier de police pénètre dans l'immeuble et fait une macabre découverte. Dans une chambre de l'étage, les corps des deux parents gisant sur le lit, dans une autre, les corps des deux garçons. Dans une troisième chambre, une adolescente atteinte d'une balle en plein visage, enfin dans la pièce mansardée, une petite fille qui git morte sur son lit. Ils ont tous été tués par balles, couchés sur le ventre. Les victimes identifiées répondent aux noms de Ronald DeFeo sénior, sa femme Louise, leurs filles Dawn et Alisson ainsi que deux de leurs fils ; Mark et John. Ronald Déféo junior, le seul rescapé déclare à la police que selon lui, c'est Louis Falini, membre de la mafia qui en voulait à sa famille. Il accepte de rédiger une déposition manuscrite pour relater les faits des heures précédant le massacre. La veille de la tuerie, malade, il a gardé le lit toute la journée. Le lendemain, alors rétabli, il est parti à son travail comme à son habitude. Sur place, à plusieurs reprises, il a tenté de joindre sa famille sans réponse. L'après-midi, il a consommé de l'alcool dans un bar avec de l'héroïne. En prenant congé, il a déclaré aux clients son incapacité d'avoir pu joindre les siens durant toute la journée et, ne possédant pas de clés, il ignore comment, à cet instant, il va pouvoir rentrer chez lui. En arrivant, il brise une vitre pour rentrer. C'est quand il découvre les corps qu'il décide de rejoindre le bar pour donner l'alerte.

Les experts balistiques communiquent aux policiers les résultats de leurs investigations. C'est un fusil de marque Marlin de calibre 35 qui a été utilisé par le ou les tueurs, mais aucune arme de ce type n'est retrouvée dans la maison. Excepté dans la chambre de Butch où gisent deux cartons de la même marque qui ont contenu des Marlin de calibre 22 et 35. Les voisins confirment aux enquêteurs le gout de Ronald junior pour les armes à feu et sa volonté, quelques semaines auparavant, de vouloir acquérir un silencieux. Le 14 novembre à 9h00, les inspecteurs Gozaloff et Napolitano rendent visite à Ronald DeFeo Jr qui dort dans les locaux de la police. Il leur demande s'ils ont retrouvé Falini mais les inspecteurs répondent « pour te dire la vérité, je crois que celui que nous cherchons, c'est toi ! ».

Les policiers, pratiquement persuadés de la culpabilité du jeune Déféo, augmentent la pression tandis que Ronald, quant à lui, continue d'accuser le mystérieux mafieux Falini, mais fournit des versions tellement contradictoires que cela continue d'alimenter le doute jusqu'à affirmer avoir été forcé d'assister aux assassinats. Finalement la pression est trop forte et Butch passe aux aveux : « Tout a commencé si vite... Après, je ne pouvais plus m'arrêter. Ça allait si vite... »

Il est 18h00 lorsque le procureur se décide à inculper Ronald Déféo Jr pour les meurtres de sa famille. Selon ses déclarations, il s'est levé très tôt le matin pour charger son fusil. Les premières balles ont été pour son père et sa mère, sa sœur Alisson. Viennent ensuite ses deux frères Mark et John, ce qui réveille la petite dernière qui entend du bruit. Butch la rassure en lui disant que tout va bien avant de la suivre dans sa chambre mansardée et de l'abattre froidement. Avec beaucoup de précautions, il a ramassé toutes les traces comme les douilles dans chaque pièce, Ronald Déféo, au volant de sa Buick, s'est débarrassé des indices dans un égout au coin de la 96ème Rue Est à Brooklyn. Dans une taie d'oreiller, il enveloppe l'arme pour aller la jeter dans la baie. Il se rend ensuite dans un snack-bar afin de prendre un petit déjeuner en attendant l'ouverture de l'entreprise familiale Brigante-Karl. Les policiers retrouvent les munitions et les vêtements dans la 96ème rue et retrouvent le fusil dans la mer en bordure d'Océan avenue.

L'audition préliminaire devant la cour se déroule le 22 septembre 1975. Les avocats de l'accusé décident de plaider la folie pour leur client. Ce dernier, lors d'une déclaration, affirme que le véritable auteur est le diable. Des voix lui auraient demandé : « capture-les, tue-les ! ». Une fois derrière les barreaux, la maison familiale est mise en vente. Comme toutes les demeures où un drame a eu lieu, il est difficile de la vendre. « Tâchée de sang », elle reste sans preneur pendant plusieurs mois. On essaie de baisser son prix en le rendant le plus attractif possible mais ce ne sont pas les 80 000 dollars réclamés, bien inférieurs au marché, qui peuvent effacer le massacre.

Butch voit son procès s'ouvrir le 14 octobre 1975. Les mois qui précèdent, il essaie d'adopter des comportements qui laissent penser à la folie. Il va même jusqu'à incendier le courrier dans sa cellule. Le docteur D. Schwartz, psychiatre cité par la défense, affirme que Ronald est victime de délires paranoïaques et qu'au moment des meurtres son discernement était altéré. Selon lui, l'accusé était persuadé que sa famille voulait le tuer, son seul recours était de tuer avant eux.

Jerry Sullivan, du bureau du procureur, présente les faits différemment en racontant chaque détail de la tuerie et le sang-froid dont a fait preuve son auteur. Ce sont les larmes aux yeux que le policier Kenneth Greguski raconte la vision d'horreur qu'il a eue quand il a pénétré dans la maison. En regardant l'accusé, il ne peut observer durant cette énumération qu'un sourire narquois et un air d'halluciné. Bill Weber, l'avocat de la défense, présente à son client la photo de sa mère morte dans son lit. Ce dernier déclare simplement « Je n'ai jamais vu cette personne ! », puis comme un pied de nez à la cour déclare qu'il a commis tous les meurtres seul avant de reprendre sa comédie sur la folie, jusqu'à accuser sa sœur Dawn. Selon lui, sa sœur avait décidé de tuer tout le monde et avait placé le fusil dans ses mains. Après avoir tué ses parents, il avait abandonné l'arme pour retourner dans sa chambre. Il entendit d'autres coups de feu tirés par sa sœur. C'est ainsi qu'il a décidé de la supprimer. Les versions ne vont pas arrêter de se succéder jusqu'à l'invention d'un complice de sa sœur.

Le docteur Harold Nolan, psychiatre de l'accusation, quant à lui, ne croit pas à la folie de Butch. Pour lui, c'est un inadapté social plus qu'un psychopathe. Il déclare que son examen n'a pas permis de trouver la moindre trace de troubles mentaux chez l'accusé. Jerry Sullivan décide de poursuivre son contre-interrogatoire et demande à l'accusé : « Pourquoi avez-vous dit ce jour-là aux personnes qui étaient avec vous que vous aviez appelé chez vous et ne compreniez pas pourquoi on ne vous répondait pas ? ». Ronald, agité et très en sueur, répondit simplement : « Je n'étais même pas sûr qu'ils soient tous mort ! Je n'étais même pas sûr de les avoir tous tués ! L'un d'eux pourrait très bien rentrer dans cette salle d'un moment à l'autre et alors, on verrait bien qui rirait le dernier ! »

Le 21 novembre 1975, le jury déclare Ronald Déféo Jr coupable des six meurtres et le 4 décembre 1975, le juge Thomas Stark le condamne à des peines d'emprisonnement allant de 25 ans à la perpétuité. L'hypothèse de la folie plaidée par la défense ne fut pas retenue. Il est incarcéré dans la prison spéciale de Danemorra située dans le village du même nom au comté de Clinton de l'état de New-York. C'est la plus grande prison de niveau de sécurité maximum et la troisième plus ancienne. Elle a accueilli par le passé le célèbre Lucky Luciano.

Malgré son histoire, la maison des Déféo trouve tout de même des acquéreurs avec l'arrivée de la famille Lutz qui emménage le 18 décembre 1975. Agé de 28 ans, Georges Lutz est propriétaire d'une compagnie de géomètres qui rencontre des difficultés. En visitant cette demeure avec son épouse Kathleen et leurs trois enfants issus d'un précédent mariage, ils sont persuadés de détenir la maison de leurs rêves. Ils commencent par solliciter un prêtre pour bénir la maison mais le père Ralph

Pecoraro qui arrive sur les lieux affirme entendre une voix forte qui lui dit : « Va-t-en ! ». La famille fait part ensuite de nombreux phénomènes inexpliqués et constate des variations importantes de température dans les pièces. Si on ajoute à leurs dires, une odeur écœurante de vieux parfum, la formation de tâches sur les sanitaires et les mouches qui prolifèrent à grande vitesse malgré la période hivernale, ils désertent les lieux après seulement 28 jours en laissant la plupart de leurs biens sur place.

On tient une rumeur comme on les aime, la maison est hantée par le diable. La presse régionale se fait l'écho des déclarations de la famille Lutz qui décide de s'associer avec le célèbre écrivain Jay Anson pour raconter ce qu'ils ont vécu. En 1977 sort un bestseller « Amityville Horror ». C'est Stuart Rosenberg qui décide de s'en inspirer pour sortir le film « Amityville la maison du diable » deux ans plus tard en 1979.

Dans le film, la ville d'Amityville n'a donné aucune autorisation à American International Pictures pour tourner sur son sol. Elle ne voulait pas de publicité supplémentaire sur l'affaire des meurtres. C'est donc dans un studio que la maison est reproduite à l'identique pour les besoins du tournage. Comme toute bonne fiction, beaucoup de libertés sont prises par rapport à la réalité comme les murs qui se mettent à saigner. Plusieurs parapsychologues démontrent l'incohérence des histoires racontées par les Lutz dans le seul but de ramasser un maximum d'argent. En tout cas, que ce soit vrai ou faux, ils ont réussi à en faire la maison la plus connue au monde, qui fera également l'objet d'un remake en 2005. Après de nombreuses années de controverses, il fut démontré que les évènements postérieurs à la mort des Déféo furent très largement exagérés à des fins promotionnelles médiatiques. Il est aujourd'hui admis que l'affaire d'Amityville, outre le sextuple meurtre de la famille Déféo, fut une manipulation médiatique dont Jay Anson et la famille Lutz ont été les principaux acteurs. Le film a donné lieu à plusieurs actions en justice.

Depuis la maison a été vendue à de nombreuses familles qui n'ont jamais été témoins du moindre phénomène paranormal. De son côté, la ville ne fait aucune publicité sur ce que la population continue de considérer comme un vieux fait divers monté en épingle par une presse avide de sensations. En mai 2010 la maison est mise en vente au prix de 1 150 000 dollars ('environ 929 315 euros), il faudra attendre le mois d'août pour qu'elle soit enfin vendue. Les nouveaux propriétaires organisent un vide grenier pour se débarrasser des objets dont ils n'ont aucune utilité en se gardant bien de faire référence à l'affaire. De nombreux collectionneurs et cinéphiles firent tout de même le déplacement

Ronald Déféo est incarcéré depuis 1999 à la prison de Green Haven située dans la ville de Beekman dans le comté de Dutchess. Il a depuis cette date la possibilité de demander une liberté conditionnelle. Selon la justice américaine, les charges retenues contre lui proviennent d'une seule et même action. Il purge donc simultanément ses six peines de prison. Toutes ses demandes de mise en liberté se sont soldées par un échec et aucun de ses appels n'a pu aboutir jusqu'à son décès le 12 mars 2021 à l'âge de 69 ans…

CRIMES AUX USA – 01 -

1976 – David Richard BERKOWITZ

David Berkowitz est un enfant illégitime que sa mère Betty Falco a eu avec un amant, Joseph Kleinman. Peu après sa naissance le 1er juin 1953 à New-York, le couple Nathan et Pearl Berkowitz adopte l'enfant légalement. C'est à l'âge de 14 ans que David perd sa mère adoptive d'un cancer du sein. Son père adoptif refait sa vie mais la mésentente s'installe entre la nouvelle épouse et le jeune garçon. Rien n'intéresse Berkowitz sinon les sciences occultes. Les études l'ennuient. Il consacre le plus clair de son temps entre la pyromanie et le vol. C'est ainsi que se déroule son adolescence.

L'US Air Force fait de lui un soldat en 1971. Contrairement à ce que l'on pense, David est un soldat exemplaire qui sert honorablement son pays. Il est démobilisé en 1974. C'est à cette période qu'il retrouve sa véritable mère qui lui révèle l'histoire de sa conception. Perturbé, il décide de ne plus jamais la revoir et de cesser toutes relations. En quittant l'armée, il est employé à plusieurs reprises par l'administration américaine, notamment par l'US postal.

Le 29 juillet 1976 à New-York Donna Lauria et Johnny Valente sont dans une voiture. Après une charmante soirée, Johnny raccompagne son amie Lauria et l'embrasse tendrement avant de prendre congé. C'est à ce moment qu'un individu d'une trentaine d'année, les cheveux bruns frisés, tire à bout pourtant sur celle-ci, la blessant au cou. Johnny prend la fuite, blessé à la cuisse ; il est le seul à pouvoir donner une description du tueur car Lauria décède pendant son transfert à l'hôpital. D'après le jeune homme, il s'agit d'un blanc moyen avec des cheveux noirs frisés. Un mois plus tard dans le Queens, deux adolescents sont également blessés par balles, mais comme leur témoignage fait état d'un agresseur aux cheveux blonds, les policiers ne font pas le rapprochement avec le précédent meurtre.

Le 23 octobre de la même année c'est Carl Denaro et Rosemary Keenan qui sont victimes d'un agresseur qui tire à plusieurs reprises alors qu'ils sont en voiture. Tandis que Rosemary n'est touchée que partiellement, Carl s'en tire par miracle après une blessure à la tête, mais subit une opération afin de lui placer une plaque qui remplace une partie de son crane. Il est fort probable que Carl possédant des cheveux longs a été pris par l'agresseur pour une fille, ce qui permet éventuellement de faire un rapprochement avec le premier meurtre.

Le 26 novembre 1976, c'est deux adolescentes, Donna De Masi, âgée de 16 ans, et Joanne Lomino qui sont blessées à leur tour à la sortie d'un cinéma. La gravité de sa blessure laisse Donna paralysée tandis que Joanne réussit à s'en sortir. Mais le signalement peu précis qu'elles donnent de leur agresseur ne permettra pas non plus à la police de faire le moindre rapprochement.

Le 30 janvier 1977 Christine Freund et John Diel sont assis dans leur voiture, ils viennent de faire une sortie cinéma pour aller voir le film Rocky avec Sylvester Stallone quand trois coups de feu sont tirés à travers la vitre passagère du véhicule. Il est un peu plus de minuit. Christine Freud décède quelques heures plus tard. Son fiancé John est le seul à faire le lien avec les précédents meurtres. La police reprend donc ses dossiers et s'aperçoit que l'arme du crime est commune un calibre 44 Bulldogs

La police décide d'organiser une conférence de presse pour avertir la population qu'un tueur s'en prend à de jeunes couples, les invitant à limiter les sorties le soir tard ou le stationnement dans des voitures à proximité de quartiers sombres. Les enquêteurs reçoivent beaucoup de courriers. Prés de 60 policiers travaillent sur cette affaire pour éliminer les pistes farfelues, mais la tâche s'avère compliquée.

Le 8 mars 1977 Virginia Voskerichian marche en direction du campus. Elle s'écarte pour laisser passer un jeune homme, lorsque celui-ci sort une arme à feu et l'abat. Les balles proviennent de la même arme qui a servi aux autres crimes.

C'est le 17 avril 1977 aux environs de 3h00 du matin qu'Alexander Essau et Valentina Suriani sont abattus. Valentina meurt sous le coup tandis qu'Alexander décède quelques heures plus tard après son arrivée à l'hôpital. L'affaire connaît un nouveau rebondissement : en effet, à côté des corps se trouve une lettre adressée au capitaine de police. Outre les nombreuses fautes d'orthographe, l'auteur promet de revenir en signant « Monsieur le monstre ».

Le 30 mai 1977 Jimmy Breslin, chroniqueur du Daily News de NY, reçoit une lettre manuscrite d'une personne qui se prétend le tireur au 44 Bulldog. Dans une autre publication, il ajoute : « Je suis un meurtrier à la recherche de proies faciles, dans des endroits isolés, je frappe au hasard, je suis le fils de Sam ».

Le 26 juin 1977, Salvatore Lupo et Judy Placido sortent de la discothèque « Elephas » vers 3h00 du matin et montent dans leur voiture. Trois coups de feu retentissent. Deux d'entre eux atteignent leur cible mais heureusement le couple survit à l'attaque. Les témoignages sont de nouveaux confus sur la description du tueur. Heureusement, l'arme correspond aux meurtres précédents. Grâce à plusieurs portraits-robot, l'étau se resserre, mais « le fils de Sam » a une nouvelle fois le temps de tuer à nouveau.

Le 31 juillet 1977 Stacy Moskowitz et Robert Violente sont dans leur véhicule garé sous un lampadaire. Ils ont fait une petite sortie au restaurant après avoir vu le film New-York New-York. Installés tranquillement près du champ de foire, Robert embrasse tendrement sa fiancée. Le fils de Sam les regarde avant de tirer sur eux, une balle pour chacun. Stacy meurt le lendemain. Robert, atteint à la tête, devient aveugle. Plusieurs témoins ont vu la scène. Parmi eux Cacilia Davis remarque un homme qui s'enfuit au volant d'une voiture jaune de marque Ford Galaxy alors que tout le monde se précipite pour aider les victimes. Pendant trois jours, elle garde le silence, terrorisée, avant de se rendre à la police pour donner la description de l'homme et le numéro de la plaque d'immatriculation, 561 XLB, qu'elle a noté. Elle précise également que le conducteur qui s'était garé devant une bouche d'incendie a déchiré une contravention posée sur le pare-brise avant de s'enfuir. La police prend contact avec le service des contraventions et réussit grâce au numéro à obtenir le nom du propriétaire du véhicule, il s'agit d'un certain David Berkowitz qui vit dans le Yonkers à Pine Street. Les enquêteurs se rendent sur place et découvrent le véhicule.

En regardant à travers la vitre, ils aperçoivent le canon d'une arme à feu. Ils ouvrent la portière et trouvent une nouvelle lettre identique à celle déjà reçue annonçant le prochain crime. Quelques heures plus tard, un jeune homme sort d'un appartement et se dirige vers le véhicule. Une fois à l'intérieur il est encerclé par les forces de l'ordre qui lui intiment l'ordre de ne plus bouger. Ils tiennent leur homme. Invité à communiquer son identité, le jeune homme répond avec un grand sourire : « Je suis le fils de Sam ! ». Il n'oppose aucune résistance à son arrestation. Une fois emmené au poste, la nouvelle tombe sur les téléscripteurs : « Le fils de Sam a été arrêté ! ».

Durant l'interrogatoire, David Berkowitz avoue volontiers être l'auteur des meurtres et des lettres anonymes. Il est tellement fier de ses méfaits que la séance ne dure qu'une demi-heure. La perquisition de son appartement va permettre de découvrir de nombreuses armes à la grande surprise de ses voisins qui le décrivent comme un être gentil et serviable. Personne ne soupçonne qu'ils sont les voisins du fameux « fils de Sam » recherché depuis des mois par la police.

Il déclare aux inspecteurs que lors de ses expéditions, ce sont des voix qui lui ordonnent de tuer et proviennent de son voisin Sam Carr qui s'exprime à travers le chien de ce dernier pour lui donner l'ordre de tuer. C'est ainsi qu'il se baptise le fils de Sam, obéissant à son père spirituel. Le plus étrange est que David n'a jamais rencontré son voisin, mais lui a souvent écrit pour se plaindre des aboiements de son chien. Ce dernier a même été victime d'un incendie et son chien a été blessé par balle. Berkowitz avoue être l'auteur du tir. Pour lui, la preuve que ce chien est la créature du démon est qu'il s'en soit sorti.

Examiné par des psychiatres, il est déclaré souffrant de troubles de schizophrénie paranoïaque aiguë et de frustrations sexuelles. Mais le procureur réussit à faire témoigner d'autres experts qui affirment que cette pathologie n'est pas incompatible avec la présence de l'accusé lors d'un procès. Dans un premier temps, les avocats de David Berkowitz plaident l'innocence au nom de l'aliénation mentale. Son procès s'ouvre tout de même. L'accusé est amené dans un fourgon blindé, par peur des représailles des familles des victimes. La cour suprême de New-York est barricadée par un dispositif impressionnant de policiers. Personne ne peut pénétrer avant d'être soigneusement fouillé et accrédité. David Berkowitz décide de changer son mode de défense et plaide coupable, en échange de l'assurance d'éviter la peine de mort. La cour accepte et le condamne à une peine de prison à vie pour chacun des meurtres (six en tout), ce qui représente un total de 365 années d'emprisonnement. Incarcéré dans le centre correctionnel d'Attica, il rejoint en 1987 l'Église évangélique chrétienne « Born Again » et adopte un nouveau nom, le « fils de l'espoir » (Son of Hope). Depuis 2000, il participe auprès d'une association d'aide aux victimes à Houston à la lutte contre les tueurs en série...

1977 – Gary GILMORE

Nous sommes dans la ville de Waco, siège du comté de McLennan située dans l'Etat du Texas d'où son surnom « le cœur du Texas », quand Gary Gilmore voit le jour le 4 décembre 1940. C'est le second d'une famille de quatre garçons qui part s'installer au début des années 1950 à Portland, la plus grande ville de l'Oregon située au nord-ouest des Etats-Unis.

Gary adore sa mère. Il passe son enfance à voyager d'hôtel en hôtel. En ce qui concerne son père, les rapports sont plus difficiles. Ce dernier est en proie à l'alcool et fait des séjours réguliers en prison. Le seul enseignement qu'il retient de lui se cantonne en une seule phrase : « N'avoue jamais

161

rien aux policiers ! ». C'est faible pour donner une éducation et peu recommandable pour montrer l'exemple. Il passe ainsi une enfance assez solitaire et se fascine pour le monde des bandits. Même s'il sait se montrer calme et discipliné quand nécessaire, Gary reste tout de même un jeune garçon têtu et incorrect.

Son grand rêve : intégrer un gang. C'est sans doute pour cette raison qu'il décide à 15 ans d'arrêter ses études pour vivre de cambriolages afin de se procurer argent et armes. Déjà, un an auparavant, il est arrêté au volant d'une voiture volée. Traduit en justice, il est placé en maison de correction. C'est durant son séjour qu'il est violé par deux autres garçons plus âgés que lui. A sa sortie, quinze mois plus tard, il est devenu un criminel endurci. Les délits s'enchaînent à tel point qu'il est de nouveau arrêté quatre mois plus tard et ne reste jamais en liberté plus de huit mois. En 1962, pour Gary c'est la « consécration », il est condamné à quinze ans de prison pour vol à main armée.

En détention, Gilmore n'est pas ce que l'on peut appeler un détenu « modèle », bien au contraire, il se fait un malin plaisir à rendre la vie très dure à l'administration pénitentiaire. Pour calmer ce prévenu difficile, elle a recours à des injections d'antipsychotiques agrémentées de séjours en isolement dont l'un atteindra la durée de dix-huit mois. Il n'en demeure pas moins un lutteur acharné dans la défense des détenus et se fait fort d'être un porte parole des pensionnaires, connaissant les règlements pénitentiaires sur le bout des doigts. C'est lors d'une apparition en 1968 que les Américains découvrent son visage pour la première fois. Certes, son manque de travail scolaire présente quelques handicaps qu'il compense très vite par une intelligence redoutable. Gary se cultive et montre un talent artistique remarquable, ce qui lui vaut, à la faveur d'un régime de semi-liberté en 1972, une inscription à l'école des beaux arts. La pause dans le droit chemin n'est que de courte durée car quelques mois plus tard, il braque un commerce et se retrouve condamné à neuf ans de prison.

Il lui faut attendre le 9 avril 1976 pour obtenir une libération conditionnelle. Il décide de s'installer chez son oncle et sa tante de l'Utah, un État de l'Ouest des Etats-Unis dont la capitale est Salt Lake City. Il commence à travailler comme cordonnier mais rencontre beaucoup de difficultés à s'intégrer à une société. Les séjours en prison l'ont empêché de trouver une femme avec qui partager sa vie et sa manière de vivre contraste fortement avec la vie paisible de ses contemporains.

C'est durant le mois de mai de l'année 1976 qu'il décide d'acheter un véhicule d'occasion, une Ford Mustang qu'il utilise pour se rendre à son travail. La possession de cette voiture lui donne des ailes et la sensation d'une liberté jamais connue à l'heure actuelle, mais il en profite pour s'enivrer. Il fait la connaissance d'une jeune femme d'une vingtaine d'année, Nicole Baker, déjà mariée trois fois auparavant et mère de deux enfants, avec qui il décide de s'installer une semaine plus tard. Mais les vols reprennent. Comme pour calmer sa colère et canaliser sa haine, Gary utilise les braquages pour se détendre les nerfs après les disputes qu'il a avec Nicole. C'est durant ces braquages qu'il décide de s'emparer de nombreuses armes, et les garde sur lui. Au mois de juin, il est arrêté par la police pour avoir tabassé sa compagne. Convoqué au tribunal le 24 suivant, il décide de plaider coupable et obtient une condamnation mineure.

Nicole supporte de moins en moins la violence et les sorties nocturnes de Gilmore. Quand ce n'est pas pour boire, c'est pour braquer. Elle décide de renouer avec quelques anciennes connaissances, ce qui a pour effet de rendre jaloux Gary. Il devient de plus en plus violent et le couple se sépare le 13 juillet. Cinq jours passent et Gilmore revient à la charge, cette fois Nicole n'a pas d'autre choix que de le repousser en le menaçant d'un pistolet.

Le 19 juillet 1976, Gary décide de se séparer de sa Mustang pour un pick-up blanc, mais le solde de sa voiture le contraint à trouver rapidement la somme de mille dollars. Son comportement devient de plus en plus bizarre. A la recherche d'une arme, il arrive à se procurer un pistolet Browning.

Dans la soirée, il se rend sur North Street, dans une station service située à Orem au sud de Salt Lake City. Il braque le pompiste Max Jensen, un étudiant en droit et père de trois enfants pour lui voler la somme de 25 dollars, avant de l'exécuter froidement de deux balles dans la nuque. Il déclare : « Voici deux balles pour toi, une pour moi et une pour Nicole ! ». Une fois son forfait accompli, il décide de se rendre tranquillement dans un cinéma pour assister à la projection du film « Vol au dessus d'un nid de coucou » de Milos Forman avec Jack Nicholson dans le rôle principal. Certes, le film aux cinq oscars dont celui du meilleur film est fidèle au roman de Ken Kesey paru en 1962, mais ce qui intéresse surtout Gary, c'est que le long métrage a été tourné en partie dans l'un des établissements psychiatriques où il a été brièvement détenu lors d'une des expertises ordonnées par la justice.

Le 20 juillet, de retour à son travail, il paraît plus à cran que jamais. Un de ses collègues de travail qui commente l'actualité du meurtre de Max Jensen est surpris par la remarque de ce dernier : « Eh bien, peut-être qu'il méritait d'être tué ! ». Le soir il traîne dans la ville de Provo à la recherche d'une nouvelle manière « d'emprunter » de l'argent.

Il se rend au City Center Motel. Face à Benny Bushnel, le réceptionniste, il sort son arme et abat ce dernier d'une balle dans la tête. Gary prend la fuite avec le contenu de la caisse, à peine plus important que celui de la station service. Gilmore prend la fuite et tente de se débarrasser de son pistolet dans les buissons alentours. Il empoigne l'arme par le canon d'une façon si maladroite que le coup part tout seul, le blessant à la main. Il se rend chez un garagiste à qui il avait confié son pick-up pour un contrôle. Lorsque le mécanicien voit la main ensanglantée, et fait le rapprochement avec le signalement du meurtrier à la station service, il comprend tout de suite qu'il s'agit d'une blessure par balle, il fait croire à la réparation du véhicule et prévient la police après son départ.

La police repère très vite le véhicule blanc à l'extérieur de la ville et procède à l'arrestation de Gilmore qui n'oppose aucune résistance. Dans un premier temps, il nie les faits et explique que sa blessure est due à son acte héroïque d'avoir empêché un hold-up. Etant donné son casier, il est difficilement pris au sérieux par les enquêteurs. Fatigué et à bout de force, il passe aux aveux pour la première fois de sa vie. Une seule chose compte pour lui : durant son incarcération, il va pouvoir revoir Nicole qui déclare en apprenant la nouvelle qu'il a tué cet homme pour ne pas tirer sur elle.

Le 3 août 1976, une audience préliminaire a lieu. Dans le même temps, les visites à la prison par Nicole, sa bien aimée, sont interdites au motif qu'il n'existe aucun lien légal ni familial. Furieux Gary Gilmore refuse de collaborer avec la justice. Le procès pour meurtre de Benny Bushnell s'ouvre à Provo le 5 octobre 1976, les preuves présentées aux jurés sont accablantes. Outre la douille qui provient de l'arme de Gilmore et retrouvée dans les buissons, une trainée de sang rejoint le lieu du crime au garage où il s'est rendu. Les experts sont formels, le canon de l'arme était posé sur la tempe de la victime ce qui suppose une exécution de sang froid. La défense de Gilmore quant à elle est assurée par un avocat commis d'office, qui ne peut présenter aucun témoin à décharge, même si elle essaie sans succès de faire croire à un coup de feu accidentel.

Trois jours et quatre-vingts minutes de délibération suffisent aux jurés pour déclarer l'accusé coupable. Les précédentes condamnations de l'accusé ne plaident pas en sa faveur et le ministère public n'a pas d'autre choix que de réclamer la peine de mort. Il estime que Gary est trop dangereux pour le laisser en vie. Selon le comté de l'Utah, le condamné a le choix entre deux sortes de mise à mort, la pendaison ou le peloton d'exécution. Gilmore choisit le peloton dont la date est fixée au 15 novembre 1976. Les psychiatres qui l'ont examiné ont trouvé chez lui un comportement hostile et compulsif, socialement déviant. Il éprouve un grand mécontentement pour la vie qu'il mène et demeure insensible aux sentiments des autres. Les médecins déclarent qu'il souffre d'un trouble de la personnalité de type antisocial et psychopathique. Toutefois, ils ne le déclarent pas irresponsable à une condamnation pénale.

Gilmore, tout comme son père, est un alcoolique. La prise de boissons le rend violent et incontrôlable. Depuis son plus jeune âge, il n'a pas une bonne opinion de lui. Bien que les psychiatres émettent l'hypothèse qu'il a été victime par ses parents d'abus sexuels, il n'aura de cesse de répéter qu'il a toujours été bien traité par son père et sa mère même si parfois des tensions étaient perceptibles, dues notamment à l'alcool.

Certes, c'est la prison qui l'a transformé en petit dur, mais lors de ses sorties, il était incapable de se fondre dans la communauté. Pour lui, travailler, acheter des vêtements ou avoir une relation suivie avec une femme étaient au dessus de ses forces. Les rapports qu'il entretient avec les hommes ne sont que des rapports de force. Bien qu'attiré par les femmes plus jeunes que lui, il a toujours refusé d'aborder sa vie sexuelle avec les médecins. Pour ce qui est du mobile de ses meurtres, il parle d'une pression incontrôlable en lui. L'argent n'a jamais été le mobile, mais plus une récompense censée apaiser sa colère intérieure. Si on peut résumer la pathologie de Gilmore, il s'agit d'une rancœur contre la société dans son ensemble. Il boit pour oublier sa détresse, ce qui le rend encore plus agressif. Seule sa relation avec Nicole pouvait l'apaiser et lui faire contenir sa rage. C'est lorsque le couple se sépare qu'on assiste au retour de ses vieux démons. Il déclare d'ailleurs, pendant son séjour dans le couloir de la mort : « J'ai tué Jensen et Bushnell parce que je ne voulais pas tuer Nicole ! »

Gary est transféré au pénitencier de l'Utah et dès le début manifeste le désir de ne pas vouloir retarder son exécution. Ses avocats font appel de la sentence. Lors de l'audience le 1er novembre 1976, Gilmore retire son pourvoi en cassation et déclare aux membres du jury : « Vous m'avez condamné à mort : à moins que ce ne soit une blague, je veux aller jusqu'au bout ». Sans écouter son client, les avocats font appel à la cour suprême. Cet acte est perçu comme une trahison par Gary et il les récuse.

Viennent alors les différents groupes de pression opposés à la peine capitale, les biens pensant comme on a coutume de les appeler, parmi eux l'UCLA (l'Union pour les Libertés Civiles Américaines) décident de tenter d'empêcher cette exécution. Contacté par Gary, Dennis Bonz accepte de défendre ce qui est une première aux Etats-Unis, un homme qui réclame le droit de mourir. Il plaide devant la cour suprême de l'Utah le 10 novembre 1976 qui reconnaît à son client le droit de renoncer à son appel, l'exécution est donc maintenue.

C'est sans compter sur Calvin Rampton, le gouverneur de l'Etat qui décide le 11 novembre 1976 d'ordonner un report de l'exécution prévue. Fou de rage, Gary tente de se suicider le 15 novembre suivant en apprenant la nouvelle. Il avait réussi à recevoir la visite de Nicole Baker qui s'était procuré 70 comprimés de somnifères pour se les partager. Les deux tentatives de suicide échouent et Nicole est retrouvée chez elle inconsciente, sauvée de justesse. C'est après cet échec que Gilmore décide d'entamer une grève de la faim. Il contacte également le producteur Larry Schiller pour lui vendre son histoire par l'intermédiaire de ses avocats locaux Moody et Stanger. Entre temps, il a de nouveau limogé Dennis Bonz, le rendant en partie responsable de la décision du gouverneur.

Loin de baisser les bras, Gary Gilmore met au défi la commission des grâces le 30 novembre 1976 de faire appliquer la sentence. L'union pour les libertés civiles fait appel devant la cour suprême américaine au motif que sa tentative de suicide reflète des troubles de déséquilibre et par conséquent l'a privé d'un jugement impartial et sain. C'est en décembre que la cour suprême rejette la demande de l'ACLU en rappelant que Gilmore a renoncé à tous ses droits en connaissance de cause. Elle fixe l'exécution au 17 janvier 1977. Le 15 décembre 1976, Gilmore fait une nouvelle tentative de suicide en absorbant du Phénobarbital.

Le quartier des condamnés à mort est souvent constitué d'une rangée de cellules de deux mètres sur trois, ou de deux rangées se faisant face. Les cellules sont dépourvues de fenêtre. Afin d'éviter tout suicide, l'éclairage est constant et la surveillance permanente. Gilmore est sanctionné pour avoir tendu une serviette sur les barreaux de sa cellule afin de l'assombrir pour essayer de dormir.

Les condamnés à mort ne disposent pas du droit de sortir dans la cour et peuvent uniquement arpenter, à tour de rôle, le « couloir de la mort » une demi-heure par jour. Il s'agit de la seule occasion de parler aux autres détenus. Malgré ses nombreuses années de détention, Gilmore n'a jamais réussi à s'habituer complètement à cette forme intense de privation carcérale. Pour lui, l'idée de la mort était préférable à l'idée d'une détention de longue durée. Il avait d'ailleurs déclaré à un aumônier : « J'ai passé dix-huit ans enfermé, et je ne suis pas prêt à encore passer vingt ans comme ça. Plutôt que de vivre dans ce trou à rats, je préfère mourir »

Entre les années 1967 et 1976, un moratoire a été imposé aux Etats-Unis et beaucoup d'états ont abandonné la peine de mort, mais au début de l'année 1976, devant la recrudescence des crimes, plusieurs états remettent en vigueur la peine capitale. Aux Etats-Unis de nombreuses voix s'élèvent pour affirmer qu'une attente aussi longue dans un « couloir de la mort » est un châtiment aussi cruel et inutile que la peine de mort elle-même.

L'exécution doit se dérouler normalement au matin du 17 janvier 1977. C'est ainsi que le pénitencier de l'Utah voit arriver des journalistes venus des quatre coins du pays et même des représentants de la presse internationale. On organise une cérémonie qui se tient à la prison entre Gilmore et ses proches, la nourriture a été livrée et on ferme les yeux sur quelques bouteilles d'alcool entrées dans l'enceinte clandestinement. Gary est heureux, il a enfin été écouté. Il demande une ultime faveur, pouvoir contacter une radio locale, afin de réclamer quelques chansons de country, musique qu'il apprécie particulièrement et en particulier le chanteur Johnny Cash. L'ivresse que lui procure sa victoire à bénéficier du droit de mourir, l'encourage à faire la fête, il se travestit en enfilant le manteau de sa tante, pour faire semblant de se glisser hors de l'enceinte pénitentiaire sous l'œil amusé de ses gardiens.

L'association qui a déjà tenté de faire annuler son exécution effectue une dernière tentative, cette fois pour exiger qu'elle ne soit pas réalisée avec l'argent du contribuable, car cela constitue un usage abusif des fonds publics. C'est le juge Ritter qui accède à la demande de l'ACLU afin d'examiner la requête. Hors de lui, Gilmore propose, en apprenant la nouvelle, de payer lui-même les frais d'exécution sur ses droits d'auteur du prochain livre et du film qui va être tourné.

L'attorney général (procureur général) avait prévu l'ultime manœuvre de l'association. Il décide ainsi de faire appel de la décision du juge Ritter au motif que, selon lui, l'ACLU ne dispose d'aucun pouvoir légal pour prendre les décisions en lieu et place de

Gary Gilmore. C'est ainsi que le 17 janvier 1977 à 7h33, heure locale, la cour suprême des Etats-Unis rejette la demande de sursis présentée. Cinq minutes plus tard, le condamné est conduit dans une conserverie désaffectée appartenant à la prison et transformée pour ce fait en salle d'exécution.

Gary Gilmore se retrouve attaché à une vieille chaise de bureau, face à un peloton d'exécution composé de cinq volontaires de la police de Salt Lake City. On demande au condamné s'il a une ultime déclaration à faire. Sa réponse est sans équivoque : « Allons-y ! ». Une cagoule est placée sur sa tête avec une cible en papier posé sur sa poitrine au niveau du cœur. Derrière un rideau confectionné pour l'occasion cinq trous dont les Winchester de calibre 30-30 claquèrent faisant écrouler Gilmore. Dans la chaise quatre impacts seulement. Une balle à blanc avait été placée au hasard dans l'un des fusils, afin de permettre aux tireurs, en cas de regret, d'évoquer la possibilité d'avoir tiré avec cette balle inoffensive.

Son corps est transféré à Salt Lake City pour en prélever les organes, puis les restes incinérés et ses cendres dispersées dans la campagne. Il avait souhaité que Nicole assiste à son exécution mais les médecins se sont refusés à la prévenir, vu son état de santé après sa tentative de suicide. Elle s'installe ensuite dans le Nevada et change de nom pour rejoindre la Californie puis l'Oregon.

Larry Schiller, le producteur demande au romancier Norman Mailer d'écrire un livre de son histoire, sorti en 1979 sous le titre « Le chant du bourreau » qui remporte le prix Pulitzer. Le cinéma en fait une adaptation avec Tommy Lee Jones dans le rôle de Gilmore et Rosanna Arquette dans le rôle de Nicole Baker. Ce film demeure inédit en Europe. Les yeux de Gary sont transplantés sur un patient en attente de greffe, ce qui vaut au groupe punk britannique « The adverts » leur unique succès : « The Gary Gilmore Eyes »...

1979 – Arthur Gary BISHOP

Arthur Gary Bishop naît le 29 septembre 1951 à Hineklev, une ville américaine située dans le comté de Millard, dans l'Utah. Il est élevé dans une famille de Mormons particulièrement religieuse. Appelée également l'église de « Jésus-Christ des saints des derniers jours ». Une église chrétienne née dans l'État de New York, en 1830.

Située en plein désert, la vie de cet endroit sinistre y est rude et fade. Trois ans plus tard, en 1954, les Bishop s'installent à Salt Lake City, capitale de l'État de l'Utah. Arthur est à l'image de sa famille. Il se révèle comme un garçon gentil et intelligent. Il a suivi à la lettre l'éducation de ses parents. Rigueur et religion font partie de son quotidien. Etudiant, il est un peu en marge de ses camarades, il n'est pas très apprécié et la gent féminine n'est pas sensible à son charme.

Après avoir réussi son bac le jeune homme qui a 18 ans, suit le dogme de son église et sert comme missionnaire aux Philippines. A son retour, il entre à l'Université Stevens-Henager de Salt Lake City, où il étudie la comptabilité. Doué et consciencieux, il obtient aisément son diplôme. Travailleur sérieux et appliqué, ses proches tombent des nues lorsqu'en février 1978, il est arrêté et jugé pour vol au préjudice de son employeur à qui il a « emprunté » 8 714 dollars (environ 7 180 euros). Lors de son procès, le voleur, fait profil bas, il se repend et regrette amèrement son geste. Le juge veut lui laisser une chance. Il le condamne à cinq ans avec sursis à condition qu'il rende l'argent. Le jeune homme promet. Mais au lieu de s'efforcer de régler sa dette, il s'enfuit. Un mandat d'arrêt est émis à son encontre, l'église Mormone quant à elle l'excommunie.

Libéré de l'entrave de sa famille et de ses obligations religieuses, Arthur s'évapore. Il vit de petits boulots, de vols et change plusieurs fois de nom. Le fugitif a un secret. Depuis des années, il est obsédé par la pornographie infantile. Il fantasme sur des situations le mettant en scène avec des enfants et se prend à confondre le rêve et la réalité. On le retrouve en octobre 1978 dans un quartier éloigné de Salt Lake City. Son nouveau nom est

Roger Downs. Cela suffit pour que la police perde sa trace et l'oublie. L'homme se fait des relations, surtout avec les enfants qui ne se méfient guère de ce sympathique compagnon toujours disposé à rire et à les distraire. Même si Bishop a déjà « dérapé » avec eux, aucune plainte n'est enregistrée. Les gamins se taisent et les parents ne se méfient pas. De quelques attouchements, Arthur Bishop se veut plus hardi. Il a des pulsions qui se font de plus en plus pressantes. Il est devenu dangereux, et il ne va pas tarder à passer à l'action.

Le 14 octobre 1979, Alonzo Daniels, quatre ans, joue dans le jardin de l'immeuble où habitent ses parents. Sa mère s'inquiétant de son absence ameute le quartier. Des recherches sont aussitôt entreprises par les voisins, en vain. La police prévenue organise les recherches mais fait aussi du porte-à-porte. Parmi les personnes interrogées, on retrouve un certain Roger Downs qui loge en face de l'appartement des Daniels. Celui-ci déclare qu'il n'a rien vu ni rien entendu. C'est un témoin parmi d'autres, les enquêteurs notent son nom, sa déposition, et poursuivent leurs investigations.

Roger Downs, alias Arthur Bishop, a attiré le gamin chez lui en lui promettant des bonbons. Peu méfiant, le petit garçon qui connaît son ravisseur entre dans l'appartement. C'est là que l'homme tente de le déshabiller et de le caresser. L'enfant complètement affolé se met à pleurer en réclamant sa mère. Bishop prend une décision rapide, il s'empare du marteau posé sur le buffet du salon et frappe Alonso qui hurle de plus belle. Bishop lui met une main sur la bouche. A bout de souffle, l'enfant se débat de plus en plus faiblement. De sa main libre, le criminel tourne le robinet de la baignoire et noie le petit garçon. Lorsque l'enfant est mort, il l'essuie et place le corps dans un carton qu'il transporte dans sa voiture garée à proximité.

Il croise la mère d'Alonzo qui, inquiète, appelle son fils. Puis Bishop retourne chez lui alors que le quartier commence à s'animer avec la recherche de l'enfant et l'arrivée de la police. Alors que des dizaines de volontaires aident les autorités à la recherche du garçon, l'assassin attend son heure. Quand la nuit tombe, l'animation autour de la maison des Daniels se calme. Les recherches sont en partie interrompues. Durant la nuit Bishop rejoint sa voiture et prend la route de Cédar Fort, un village situé à une trentaine de kilomètres au sud de Salt Lake City. Dans le secret des ténèbres, il enterre le petit Alonzo dans le désert.

Sans avoir été inquiété, il retourne chez lui avec le sentiment du travail accompli. L'homme est en paix avec sa conscience. Dans les jours et les semaines qui suivent, les recherches restent vaines. Des photos d'Alonzo sont distribuées dans tout l'état. Les chaînes de télévision, les radios et la presse écrite couvrent l'événement. Et puis, un fait chassant l'autre, le petit Alonzo Daniels s'efface des mémoires. Son assassin, lui, court toujours.

Le meurtre d'Alonzo Daniels a aiguisé l'appétit du tueur mais les enfants ne sont pas si faciles à enlever et à tuer. C'est pourquoi Arthur Bishop s'adonne à une passion morbide. En une année, il adopte une vingtaine de chiots qu'il se procure dans des associations de protection animale. Le jeune homme présentant bien, se révèle aux yeux des bénévoles comme un véritable ami des bêtes qu'il jure de soigner et chérir comme s'ils étaient ses propres enfants. Moyennant une petite donation, on lui confie ces jolies boules de poils qui vont connaître un sort peu enviable. Il trouve cette période stimulante. Les chiots gémissaient comme l'avait fait Alonzo avant qu'il ne les frappe avec un marteau, les étrangle ou encore les noie.

Parallèlement au sadisme que Bishop exprime au regard des chiots, il agresse des enfants en les attirant chez lui et en les menaçant de les tuer eux et leur famille si jamais il leur venait à l'idée de parler. Pour cela, il a un vivier tout trouvé. En effet, grâce à son nom d'emprunt Roger Downs, il intègre le programme « Big Brother » destiné à aider des enfants ou adolescents défavorisés. Grâce à ce sésame, il est en contact permanent avec des enfants qui sont en mal d'affection et de liens familiaux. Malgré cela, Downs n'est pas inquiété malgré un signalement à la police qui reste lettre morte. Nous sommes le samedi 8 novembre 1980. Kim Peterson 11 ans s'amuse sur la piste de roller-skate de Salt Lake City. C'est là qu'il rencontre Arthur Bishop qui entame avec sa sympathie

179

habituelle la conversation. L'enfant lui confie qu'il cherche à vendre sa paire de rollers pour en acheter une neuve. Bishop semble intéressé. Si Kim est d'accord, il lui en offrira 35 dollars (environ 29 euros) Comme il n'a pas l'argent sur lui, il propose à l'enfant de le rencontrer le lendemain pour conclure la vente. Kim est ravi. Il rentre chez lui heureux de sa future transaction.

Le lendemain, c'est dimanche. L'enfant informe ses parents qu'il a trouvé acheteur pour ses rollers. Il en a pour une heure tout au plus. Mais le temps passe et Kim Peterson ne rentre toujours pas. Peut-être a t-il flâné en route ? Quand approche l'heure du dîner, ses parents s'inquiètent et commencent des recherches, avant de prévenir la police. Les investigations débutent. Et comme toute enquête portant sur une disparition inquiétante, on interroge toutes les personnes qui ont fréquenté récemment les lieux de cette disparition.

Ainsi, celles qui ont pratiqué le roller le samedi ou le dimanche se souviennent de Kim. Elles l'ont vu discuter avec un homme ayant entre 25 et 35 ans, au visage rond, portant des lunettes, un jeans et une veste de l'armée. On apprend que le suspect pèse environ 80 kg, qu'il a des cheveux foncés et des sourcils épais. On obtient un témoignage supplémentaire. L'homme conduit une Chevrolet Camaro grise avec une plaque étrangère à l'Utah. Toutes ces pistes sont suivies, en vain. Lors de l'enquête de voisinage, « Roger Downs » qui vit à quelques centaines de mètres de la maison de Kim Peterson est interrogé. Les policiers ne remarquent rien de suspect chez ce témoin affable et coopératif qui n'a rien vu ni entendu. Curieusement, personne ne fait de lien entre Kim et la disparition d'Alonzo Daniels un an plus tôt. Comme la fois précédente, Bishop a attiré sa victime chez lui et l'a tuée. A la nuit tombée, il transporte le corps dans sa voilure et l'enterre à proximité de sa première victime Alonzo.

Dans les mois qui suivent. Bishop agresse d'autres enfants mais là aussi aucun ne parle. Les menaces sont d'une efficacité redoutable et le principe de la carotte et du bâton porte ses fruits. Le pédophile n'est toujours pas inquiété. Bénéficiant d'une impunité insolente, l'homme pense une nouvelle fois à tuer.

Le 20 octobre 1981, Bishop fait ses courses au supermarché lorsqu'il aperçoit, agenouillé devant un distributeur de boules de gomme, le petit Danny Davis 4 ans. L'enfant essaie de récupérer un bonbon en vain. Bishop s'approche et lui offre l'objet de sa convoitise, mais l'enfant refuse. Bishop en bon psychologue s'éloigne et se dirige vers la sortie. Il sait que l'enfant l'observe ; mieux, celui-ci regrette déjà d'avoir refusé le bonbon. Lorsqu'il se retourne, l'enfant est près de lui. Tout naturellement, il lui prend la main et le suit sur le parking. La scène n'a duré que quelques secondes, et lorsque la maman de Danny s'aperçoit de la disparition de son enfant, il est trop tard. Elle s'affole, ameute le magasin. On fait des annonces, les employés puis les clients sont à la recherche de l'enfant. Un témoin se souvient d'avoir vu un petit garçon devant l'un des distributeurs de bonbons, près de lui un jeune homme lui souriait. Sont-ils partis ensemble ? Par où ? Il ne sait pas, Danny s'est évaporé.

C'est le branle-bas de combat. La police cherche sur le parking, interroge les éventuels témoins, met en place des barrages routiers, en vain. Pas de trace de l'enfant ni de son éventuel ravisseur. La nuit tombe. Malgré cela, les recherches continuent, certains sont pessimistes ; s'il s'agit d'une fugue, l'enfant n'était que légèrement vêtu et le froid est en train de tomber sur la ville. S'il a été enlevé, y a-t-il un espoir qu'on le retrouve vivant ? Au petit matin, les recherches s'intensifient. Des équipes sondent le lac, les étangs, s'enfoncent dans la montagne, les chemins, les fossés, mais aussi dans le désert. Rien...

Danny Davis est à la « une » de tous les journaux, à la télévision ; on imprime des affiches, l'information est relayée dans tous les Etats-Unis. Plus incitative, une récompense de 20 000 dollars (16 350 euros) est offerte pour toute information susceptible de permettre de retrouver l'enfant. Il y a bien quelques appels qui émanent de témoins fantasques attirés plus par la récompense que par le souci de retrouver l'enfant. Néanmoins, aucune piste n'est ignorée par la police, mais pas un élément ne permet aux parents de Danny d'espérer le retrouver un jour vivant. Bishop lui, n'a pas perdu son temps. Il a torturé l'enfant et l'a étouffé avec les mains. Le lendemain. il s'est de nouveau rendu à Cedar Fort pour enterrer sa troisième victime à côté des deux autres.

Une nouvelle fois « Roger Downs », qui habite dans le quartier du supermarché où Danny a disparu, n'a rien à déclarer. En deux ans trois enfants ont disparu ; chaque fois Roger Downs habite à proximité. Mais si on commence à faire le lien entre ces trois disparitions, les enquêteurs se perdent en conjoncture. Il est certain que si les choses se passaient aujourd'hui, la police ne manquerait pas de s'apercevoir de la coïncidence, mais l'informatique en est à ses débuts et les informations ne sont pas regroupées comme elles le sont à l'heure actuelle. Roger Downs alias « Lynn Jones », nouvelle identité qu'il s'est de nouveau créé, a-t-il de l'argent devant lui ? Il a travaillé comme comptable dans un magasin de ski de Salt Lake City. Il est parti à l'heure du déjeuner avec 10 000 dollars (8 175 euros) et, bien entendu, tous les éléments permettant de remonter au dénommé « Lynn Jones ».

Les politiques de l'Utah, poussés par la population qui commence à crier son inquiétude prennent des mesures judiciaires inédites. Le meurtre au 1er degré était déjà un crime passible de la peine capitale dans l'Ulah. Mais les législateurs veulent montrer leur indignation en créant une nouvelle loi concernant l'enlèvement d'enfant. Désormais, l'enlèvement simple d'un enfant est sanctionné d'une peine allant de 5 à 15 ans de prison. Une loi qui ne fera rien avancer concernant la disparition des trois garçonnets. Le temps est-il à l'oubli ? Certes non, un nouvel événement vient affecter l'opinion publique.

Le 26 août 1982, Rachael Runyan, 3 ans, est enlevée devant son école à Sunset, une petite ville située à 45 km au nord de Salt Lake City. Quand on découvre son corps trois semaines plus tard, la terreur est à son paroxysme. La fillette a été étranglée. Malgré tous les moyens mis en œuvre, on ne retrouvera jamais son assassin. Aujourd'hui encore, l'enquête sur son enlèvement et sa mort est ouverte.

Les enquêteurs concluent rapidement qu'il n'existe aucun lien entre le meurtre de la petite Rachael et les disparitions d'Alonzo, de Kim et de Danny. Ce n'est pas l'avis de la population qui crie au loup. L'atmosphère est palpable et il n'y a plus loin du simple renseignement de police à la délation. De tous bords arrivent des dénonciations anonymes ou non. On accuse son voisin, son ami, son mari de mille maux. C'est la chasse aux pervers qui accostent les enfants et les plaintes affluent dans les bureaux de la police. Des dizaines d'hommes sont placés en garde-à-vue et interrogés, de petites affaires se font jour, quelques pédophiles notoires sont mis pour quelque temps à l'ombre. Mais jamais, jamais personne ne fera la moindre allusion à l'étrange Arthur Bishop, alias « Roger Downs » ou « Lynn Jones » qui a le don de paraître insignifiant aux yeux de ses concitoyens.

Entre temps, la rumeur enfle, on met ces disparitions des garçons et le crime de la petite Rachael sur le compte de sombres sectes maléfiques car on a remarqué que les trois disparitions des garçons ont toutes eu lieu pendant la période d'Halloween. L'idée que l'on a à faire à des monstres assoiffés de « sacrifices humains » fait son chemin. On s'attend à un nouvel enlèvement aux alentours du 31 octobre 1982. Il ne se passe rien. Les rumeurs s'émoussent. La police et la justice sont dans une impasse. Une réunion est organisée au Metropolitan Hall of Justice de Salt Lake City. Un recoupement des éléments dont dispose chaque service est étudié à la loupe. Quels sont les points communs à ces affaires ? Y a-t-il des suspects qui se distinguent par rapport aux autres ?

On relit les rapports, on étudie les hypothèses, mais au lieu de progresser, on s'enfonce dans les méandres d'un mystère de plus en plus épais. Il est vrai qu'il est difficile de se faire une idée du ravisseur qui a enlevé les gamins à des jours et des heures différents. Il s'est attaqué également à des enfants d'âges différents mais aussi d'ethnies différentes. Alonzo Daniels était Afro-Américain, Kim Peterson et Danny Davis étaient blancs et blonds. Il ne sort rien de ce grand show judiciaire.

Ce mercredi 23 juin 1983, Troy Ward est un enfant heureux. Aujourd'hui il a six ans, et pour cet après-midi de début d'été, ses parents l'ont autorisé à jouer dans le jardin public d'à côté. Son tonton doit venir le chercher pour fêter l'évènement. Au programme, gâteau d'anniversaire et cadeaux. Pourtant, quand à 16 heures, l'homme vient chercher l'enfant au jardin, il ne le trouve pas. Il pense que le gamin est rentré chez lui, mais non, Troy n'est pas à la maison. L'inquiétude est immédiate. On prévient la police. C'est l'effervescence autour du parc et dans les rues avoisinantes. On retrouve un témoin qui se souvient avoir vu un petit garçon quittant le parc avec un homme jeune. C'était quelques minutes avant l6h. Le témoin les a pris pour un père et son fils.

Arthur Bishop a sévi pour la quatrième fois. Il a touché l'enfant et l'a battu. Il a même pensé à le relâcher mais Troy s'est fait menaçant : « Je vais le dire à mon papa.. ». Alors Bishop se saisit du marteau qu'il a à portée de main. La baignoire est pleine et fait son office. Celte fois, le tueur a choisi un autre endroit pour se débarrasser du corps. Il le transporte et l'enterre près de Big Cottonwood Creek. Bishop n'attendra pas deux ans pour récidiver mais trois semaines.

Graeme Cunningham qui a 13 ans est ravi de partir pour un week-end de camping, ce jeudi 14 juillet 1983. Ses affaires sont déjà prêtes et c'est depuis des jours l'unique sujet de conversation qu'il a avec sa famille et ses amis. Il doit aller camper avec un copain de classe et un moniteur de « Big Brother », le sympathique « Roger Downs ». Pourtant Graeme ne va jamais partir pour camper. Alors qu'il joue dans un parc près de chez lui, il disparaît. L'affolement des parents, la police sur les dents, les médias sur l'affaire, les amis qui viennent soutenir la famille, les bénévoles qui participent aux recherches et parmi tout ce monde, « Roger Downs », le gentil animateur qui pleure sur la disparition de cet enfant qu'il connaît bien et avec qui il devait partager les joies d'une enivrante balade. Arthur Bishop croit presque à sa solidarité. Se rend-il compte que c'est lui le ravisseur et le tueur d'enfant quand il vient proposer son aide, les larmes aux yeux ?

L'enquête, une de plus, avec ces mêmes témoignages anodins qui n'ouvrent aucune porte et un nom qui revient toujours, celui de « Roger Downs » et pour une fois, on a presque envie de dire enfin... quelqu'un fait tilt. « Roger Downs » qui avait habité tout près de quatre petits garçons et qui connaissait Graem. Hasard, coïncidence ? En matière judiciaire on ne croit guère à ces croisements hypothétiques surtout qu'il y a peu de temps, l'un des plus grands sérials killers de l'histoire s'est fait bêtement attraper parce qu'on l'a vu discuter avec une de ses victimes quelques heures avant sa disparition. Tout d'un coup, c'est 33 affaires de meurtres qui ont été résolues. Le serial killer a pour nom John Wayne Gacy. Ils sont deux, le sergent Bruce White et le détective Steven Smith. Ce sont eux qui sont chargés de revisiter « Roger Downs ». A priori, il n'y a aucun élément à charge contre ce témoin récurrent. Lorsque les policiers demandent à Downs s'il veut bien les suivre au quartier général de la police, il accepte.

Le suspect est accueilli par un policier qui connaît son métier. Don Bell est un vieux renard. A coups d'arguments, de bluffs, d'affirmations. Don Bell s'impose. Downs perd rapidement ses moyens. Voilà qu'il bafouille, qu'il se contredit, et qu'il avoue enfin, non pas les meurtres, pas tout de suite, mais sa véritable identité. Il s'appelle Arthur Bishop et s'il a changé de nom c'est pour se faire oublier dans une vieille affaire d'escroquerie. Cela est-il suffisant pour le policier ? Non, il vient d'abattre l'un des arbres qui cachent la forêt. Mais qu'il y a-t-il dans cette forêt ? Et voilà Bishop qui s'effondre. Il n'est que 17 heures et après seulement trois heures d'interrogatoire, il se met à table et avoue cinq meurtres, cinq horribles crimes d'enfants qui ont dévasté toute une population.

Il faut la nuit entière à Bishop pour se raconter. Bell note toutes ses confidences avec ses détails sordides. Oui, il a enlevé les enfants, oui il s'est amusé sexuellement avec, oui il les a tués, oui il a violé leurs corps morts. Ravisseur, tueur et nécrophile, parfois Don Bell sort de la salle d'interrogatoire, il a besoin de prendre de l'air, il a besoin de vomir entre deux aveux. Il voudrait presque tuer cet homme qui se recroqueville sur lui-même et qui se raconte avec des sanglots dans la voix car dit-il, il est une victime, une victime de ses pulsions. Des pulsions pourtant minutieusement préparées. Cet homme n'est pas un fou, c'est un charognard. Les deux adversaires n'ont pas dormi, ils sont malades, l'un de peur, l'autre de dégoût, mais pour le repos on verra plus tard. Il reste le pire à venir, il faut exhumer les corps des petits suppliciés.

L'aube vient de se lever, c'est une nouvelle journée, une belle journée pour la nature, une affreuse journée pour les policiers qui suivent les instructions du tueur d'enfants. Bishop les conduits à Cedar Fort où trois corps sont mis à jour puis à Big Cottonvvood Creek où reposent les deux autres cadavres. « Reposent », quelle drôle d'expression ! Certains corps ont été mutilés.

Lorsque les médias annoncent l'arrestation d'Arthur Bishop et révèlent sa véritable identité, la police reçoit des dizaines d'appels accusant Bishop d'avoir agressé des enfants. Curieusement, lorsque le tueur était en liberté, personne n'avait déposé plainte contre cet individu. A entendre toutes ces personnes on peut se demander comment Bishop a pu se permettre autant de choses vis-à-vis des enfants sans que la police en soit avertie. D'étranges amnésies qui semblent se réveiller au fait de l'actualité. La perquisition au domicile de Bishop permet la découverte de plusieurs objets compromettants corroborant les aveux du meurtrier. Outre un revolver de calibre 38, les policiers mettent la main sur un marteau couvert de taches de sang mais aussi une multitude de photos de petits garçons nus.

Le photographe a pris soin de masquer le visage des petites victimes empêchant ainsi l'identification des gamins. On découvre également le livre de chevet du tueur intitulé « 100 façons de disparaître et de vivre libre ». Arthur Bishop est inculpé de cinq enlèvements, de cinq meurtres avec préméditation, de deux agressions sexuelles et d'abus sexuel sur mineur. L'homme risque la peine de mort. Accusé d'être un pervers sexuel possédant un esprit calculateur, rusé et insidieux, la police est étonnée par la facilité avec laquelle Bishop a accompli ses meurtres.

La population est remontée et elle l'est d'autant plus lorsque le frère du monstre, Douglas, est arrêté pour abus sexuel sur des jeunes garçons. Et même s'il n'a jamais été prouvé que les deux frères se sont associés pour agresser des enfants, les imaginations s'emballent. Les parents des deux criminels sont pris à partie au sein de leur propre communauté.

Lorsque débute son procès quelques mois plus tard, Bishop est bien conscient qu'il risque sa vie. Du fait de ses aveux et des pièces à conviction que possède la justice, la perpétuité est l'unique chance de l'accusé. Ses aveux lui garantissaient la prison à vie. Ses avocats tentent le tout pour le tout en espérant que leur client soit accusé de meurtre au 1er degré et non pas d'assassinat Leur arme ultime est de convaincre le jury que Bishop a été poussé dans ses crimes par des pulsions incontrôlables. Son avocat argumente : « Mon client est devenu, pour on ne sait quelle raison, obsédé par son attraction sexuelle envers les petits garçons. Il n'a jamais dépassé ce stade de sensations érotiques. C'était un enfant solitaire et apeuré. S'il s'est mis à tuer c'est à cause de la pornographie qui a déformé son esprit ».

Un expert, le docteur Cline est également un bon avocat. Pour lui, la pornographie est la cause de tout. A l'écouter, Bishop est presque une victime de la décadence de l'Amérique. L'argumentation est un peu légère, et les jurés cinq hommes et sept femmes ne se font pas prendre. Arthur Bishop est reconnu coupable de cinq meurtres avec préméditation, de cinq enlèvements aggravés et d'un abus sexuel sur mineur. Pourquoi un seul abus sexuel, c'est parce que seul l'étal du corps de la dernière victime de l'accusé pouvait permettre d'affirmer qu'il y avait eu viol.

Néanmoins lorsque le verdict est rendu, le procureur décide de faire entendre aux jurés les aveux enregistrés de Bishop. Celui-ci explique qu'il a violé les corps des enfants après leur mort. Dans ces confessions terribles, le meurtrier rit puis prend la voix d'un enfant : « c'est comme ça qu'ils me suppliaient et me demandaient pitié ». Des larmes coulent. Sans surprise, pour Bishop ce sera la mort. Conformément à la loi de l'Utah, il peut choisir entre le peloton d'exécution et l'injection. Bishop opte pour la deuxième solution.

Durant son attente dans le couloir de la mort, il écrivit une lettre : « La pornographie a été un facteur déterminant dans ma chute. D'une certaine manière j'ai fini par être sexuellement attiré par les jeunes garçons et fantasmer sur eux, nus. Certaines librairies proposent des ouvrages d'éducation sexuelle, de photographie, ou livres d'art qui, parfois, contenaient des photos de garçons nus. J'ai acheté ces livres afin d'améliorer mes fantasmes masturbatoires [...] La recherche et l'acquisition de matériel sexuellement excitants sont devenues une obsession. Pour moi, la pornographie a été comme un fusible sur un bâton de dynamite. J'ai été stimulé et ai dû satisfaire mes pulsions ou exploser. Tous les garçons sont devenus de simples objets sexuels. Ma conscience était insensible et mon appétit sexuel a entièrement contrôlé mes actions. »

Il fut exécuté par injection létale le 9 juin 1988 à la prison d'État de l'Utah à Draper. Avant son exécution, il exprima des remords pour ses crimes mais pas pour ses fantasmes...

1980 – Clifford OLSON

C'est le 1er janvier 1940 que nait Clifford Olson à Vancouver, huitième plus grande municipalité canadienne située sur la côte Pacifique dans les basses-terres continentales de la province de Colombie-Britannique. Adolescent, Clifford est un petit voyou qui va très vite faire parler de lui et pas dans le bon sens du terme.

Sans foi, ni loi, il s'évade à sept reprises entre les années 1957 et 1968. À chaque évasion la peine de prison est automatique rallongée. Durant les années où il est âgé de 18 à 41 ans, il ne peut se prévaloir d'avoir été quatre ans en tout en liberté ; il détient un record de 90 inculpations diverses qui avant de l'envoyer en prison l'avaient déjà

193

condamné à des placements en maison de correction.

C'est à partir du 25 décembre 1980 que l'on parle surtout de lui, après la découverte près de la rivière Fraser située à Richmond en Colombie britannique, du corps de la petite Christine Anne Weiler âgée de 12 ans, enlevée le 17 novembre 1980. Ça constitue le premier crime d'une longue série qui s'accélère l'année suivante avec une multiplication de meurtres et rapts d'enfants. Durant le mois de juillet 1981, l'assassin va faire six jeunes victimes. C'est grâce à une course contre la montre et une enquête concise que la police va réussir à mettre fin à ses agissements. Une fois arrêté la population est profondément scandalisée lorsqu'elle apprend qu'une somme conséquente d'argent (100 000 dollars environ 89 000 euros) a été versée à Joan, la femme d'Olson, pour que l'on puisse retrouver les 10 cadavres de ses victimes, soit 10 000 dollars par victime. Clifford admet même que pour la onzième victime où aucune somme d'argent n'a été versée pour la retrouver, c'est « cadeau ».

En ce qui concerne les détails sur la manière dont Olson a assassiné ses victimes, rien n'a été rendu public, et pour cause. Ce meurtrier sans scrupule avait l'habitude de tout consigner par écrit dans des comptes-rendus, on ne peut plus détaillés, la manière utilisée, le temps que cela avait pris tout comme les cris que les victimes ont poussé au fur et à mesure qu'il se délectait des souffrances

CRIMES AUX USA – 01 -

infligées à ses « proies ». Comme un animal sauvage il aime « s'amuser » avec elles, retardant au maximum l'issue fatale où il les achève.

Le 2 mai 1981 c'est le corps de Daryn Todd Johnsrude qui est retrouvé alors qu'il a été roué de coups. Sa disparition avait été signalée en avril lors d'une visite en Colombie britannique. Cliford n'est pas seulement un tueur de gamins, mais c'est aussi un homme à l'apparence sereine qui a épousé deux semaines plus tard sa compagne Joan dans la joie. En juin 1981, c'est le tour d'Ada Anita Court âgée de 13 ans qui disparaît après avoir fait du baby-sitting. Rentrant en bus pour rejoindre son petit copain, on ne la reverra plus.

En juillet 1981, Olson va tuer à six reprises. Simon Patrick Partington, âgé de 9 ans, qui disparaît alors qu'il faisait de la bicyclette. Il bourre d'alcool et de pilules Judy Elisabeth Komza, âgée de 14 ans, avant de la tuer. Il fait croire à Raymond Lawrence King âgé seulement de 15 ans qu'il a un boulot pour lui avant de le frapper à la tête à coups de pierres. Puis une étudiante allemande âgée de 18 ans, Sigrun Charlotte Arndt, qui participe à un échange international. Le tour de Terri Lynn Carson âgé de 15 ans qu'il raccompagne avant de l'étrangler. Enfin sa dernière victime connue Louis-Marie Chartrand âgée quant à elle de 17 ans. Le 17 septembre 1981, ce sont les restes de Colleen Marian Daignault âgé de 13 ans qui sont retrouvés dans une forêt. Elle avait été enlevée précédemment au mois d'avril alors qu'elle attendait le bus.

Le procès de Clifford Olson débute en janvier 1982. Il plaide coupable des 11 meurtres des jeunes adolescents, huit filles et trois garçons âgés de 9 à 18 ans. Sans surprise, il écope le 14 janvier 1982 de 11 peines concurrentes de 25 ans. Une fois incarcéré on pouvait croire que Clifford se tiendrait tranquille ; c'était mal connaître le personnage. Ce même meurtrier qui se plaisait à enregistrer le meurtre des adolescents pour les faire écouter ensuite à la famille ne cesse de se faire remarquer. Il est amené à témoigner le 15 décembre 1989 dans une enquête relative au suicide d'un prisonnier au pénitencier de Kingston. Il déclare : « Dieu m'a pardonné mes meurtres ; en ce qui me concerne, ils sont devant Dieu aujourd'hui… J'ai demandé pardon et j'ai été pardonné, c'est la fin de mon histoire… »

L'année suivante, on découvre qu'Olson placé en isolement est en possession de drogues illégales. Il pousse la provocation jusqu'à se battre avec les gardiens de prison sur le chemin du tribunal. L'enquête n'arrive pas à démontrer par quel moyen il a réussi à se procurer de la drogue. Le 8 octobre 1992, il passe un examen de routine au rayon X qui révèle une clé pour ouvrir les menottes et les entraves qu'il a aux jambes dans le bas de l'intestin. On avance l'hypothèse qu'il aurait été au courant de sa visite à l'hôpital de l'Hôtel Dieu de Montréal et qu'il attendait simplement la bonne occasion pour s'évader. Le 19 novembre sur décision de l'administration pénitentiaire on lui retire le privilège d'utiliser le téléphone de la prison.

Le 1er décembre 1992 on retrouve dans sa cellule, un manche à balai retaillé pour en faire une arme, il s'est même vanté auprès des autres détenus de préparer son évasion. Cinq jours plus tard, il est transféré au pénitencier de la Saskatchewan où il se félicite d'être incarcéré dans une nouvelle prison cinq étoiles. Il faut dire que les autres détenus n'ont que peu d'affinité pour ce tueur d'enfants, tenu à l'isolement dans un quartier spécifique de la prison, il demande pourtant le 13 décembre 1994 de pouvoir être mêlé aux autres prisonniers même s'ils savent qu'il risque sa vie : « Je réalise que cela pourrait se produire si je suis avec certains détenus. Regardez ce qui est arrivé à Jeffrey Dahmer », déclare-t-il au juge.

On se souvient que Jeffrey Dahmer avait reconnu avoir assassiné 17 jeunes hommes et garçons avec parfois des actes de cannibalisme, après avoir eu des relations sexuelles avec eux. Il avait été tué en prison dans le Wisconsin en novembre 1994. En mai 1995, on lui refuse l'accès aux médias qui le sollicitent régulièrement. Le service correctionnel du Canada argumente sa décision par la voix de son porte-parole qui explique ne pas vouloir donner une tribune à ce genre de personnage. Pourtant en mars 1996, Olson déclare qu'il a enregistré un droit d'auteur sur une série télévisée : « les motivations sexuelles d'un tueur d'enfants en série ». Il avait obtenu la permission de se servir d'une caméra vidéo en prison de la part du directeur. Mais plus tard, un juge déclare qu'on n'aurait jamais dû lui accorder cette autorisation.

Clifford Olson est très procédurier. À tel point qu'en avril 1996, un juge lui ordonne de ne plus importuner les tribunaux. Mais quelques mois plus tard, il envoie des images obscènes accompagnées d'une lettre à John Nunziata, un député de Toronto, afin de lui montrer simplement qu'en prison, il a accès à la pornographie. Il envoie également des magazines pour adultes à des prisonniers en sécurité maximum. En parallèle il continue d'écrire aux familles de ses victimes pour leur donner les détails sordides des meurtres qu'il a commis, accompagnés de croquis et d'explications sur les tortures employées.

Le 11 mars 1997, Olson tente de demander une libération conditionnelle alors qu'il n'a effectué, pour le moment que 15 années de la première peine de 25 ans, sachant pertinemment qu'il lui reste ensuite 10 autres peines successives. Il est transféré dans un nouveau pénitencier celui de Saint-Anne des Plaines situé à 50 kilomètres de Montréal. Sa demande est naturellement refusée. Le cas de Clifford continue régulièrement de faire des vagues agaçant la population. Deux officiers supérieurs de la Gendarmerie Royale du Canada (GRC), une fois en retraite dévoilent au travers d'un livre qu'Olson aurait pu être arrêté bien avant. En juillet 2006, Olson fait une nouvelle demande de libération conditionnelle, elle est de nouveau refusée au prétexte qu'il représente un grand risque de récidive. D'autre part, Clifford affiche des tendances narcissiques, psychopathiques ; il est enclin à un sadisme sexuel prononcé.

Deux ans plus tard, une page « myspace » est produite par Olson lui-même qui comprend des photos de lui en prison, des essais personnels et des reportages. Une enquête est immédiatement diligentée par le service correctionnel du Canada pour comprendre comment ce prisonnier a eu accès à internet en prison. Parallèlement, il continue d'envoyer ses lettres aux familles des victimes détaillant un peu plus les détails des crimes qu'il a commis. Il avoue ne ressentir aucun remord mais évoque avec complaisance ses souvenirs sadiques qui lui provoquent un énorme plaisir.

Clifford Olson entretien également une relation épistolaire avec le Saint Père ce qui le satisfait. Il déclare d'ailleurs : « La religion Catholique est quand même une putain de bonne religion, on te pardonne à peu près tout ... ». Un nouveau scandale apparaît lorsque le chroniqueur Peter Worthington du journal le « Toronto sun » affirme dans un article que le tueur en série reçoit chaque mois 1 200 dollars (environ 1058 euros) du programme de la sécurité de la vieillesse. C'est un scandale qui émeut tout le pays. Pour mettre fin à la controverse, le gouvernement est amené à annuler les pensions pour tous les prisonniers qui passent au moins deux ans en prison. Pourtant Olson touche toujours son chèque et, alimentant le scandale, s'offre le luxe de le renvoyer au premier ministre Stephen Harper. Entre temps, la troisième demande de libération de Clifford Olson est refusée le 29 novembre 2010.

Le 1er janvier 2011, la loi C-31 amendée entre en vigueur. Les prisonniers âgés ne peuvent plus recevoir un chèque du programme de la sécurité de la vieillesse tant qu'ils sont en prison. Au début du mois de septembre, Olson est transféré dans un hôpital de la région de Montréal, il souffre d'un cancer. Les familles de ses victimes sont contactées par téléphone pour les informer qu'il est mourant. Certaines familles demandent que l'on laisse le tueur « crever » de ses souffrances et souhaitent que l'on ne lui administre pas de morphine pour le soulager.

Les familles ne peuvent oublier les paroles de celui qui a tué leurs enfants : « J'ai eu des remords. Lorsque j'ai plaidé coupable [...] Tous ces parents gémissant, pleurant et se servant de ma libération conditionnelle comme d'une plateforme, qu'ils aillent au diable ! Revenez-en ! À quoi bon pour moi d'avoir de l'argent ? Cela ne m'est d'aucune utilité. Je suppose que je dois faire un testament au cas où j'aurais une crise cardiaque ou quelque chose. Je ne veux pas que ces salauds (en parlant des familles) mettent la main sur mon argent ».

Le monde aurait pu être débarrassé d'Olson en 1976. Clifford Oison, aurait pu mourir beaucoup plus jeune, puisqu'il a survécu de peu à une tentative de meurtre survenue en 1976, au pénitencier de Prince Albert, en Saskatchewan. Celui qui a tenté de le tuer, Gordon Lussier, qui est sorti de prison il y a sept ans, s'est remémoré les événements lorsqu'il a appris que son ennemi était moribond. « Olson, qui n'avait pas encore commis sa série de meurtres, était reconnu et détesté en prison parce qu'il était à la fois une taupe et un prédateur. Il avait déjà fait d'un jeune détenu son esclave sexuel. Cela m'a touché car j'avais subi pareils sévices lorsque j'étais enfant. Le jeune venait d'arriver en prison. Il n'avait jamais été incarcéré auparavant. Il avait une belle apparence. Olson a immédiatement été attiré par lui.

« Emprisonné pour avoir agressé un policier, je n'avais plus que 25 jours à passer en prison. J'ai tout de même pris la décision de tuer Olson, bien que d'autres prisonniers avec lesquels j'avais parlé de mes intentions m'avaient dit qu'ils pouvaient le faire à ma place. Le 13 février 1976 était le jour « J ». Le plan était de piéger Olson durant une partie de poker, en soirée. Quelqu'un avait volé des ciseaux au tailleur de la prison, alors que d'autres détenus ont déplacé une table de ping-pong afin d'empêcher la cible de fuir. Un prisonnier a

201

demandé à Olson de s'approcher, puis j'ai foncé sur lui. Je l'ai frappé sur la tête avec un marteau et je l'ai poignardé au moins 21 fois. Il se battait pour sa vie. Ce salaud a survécu. Il a même obtenu 3 500 dollars (environ 3 094 euros) d'indemnisation de la part du gouvernement en tant que victime de crime. J'ai plaidé coupable à des accusations de meurtre prémédité et j'ai reçu une peine de sept ans de prison. Lors du procès, quand je suis passé à côté de lui, je lui ai craché au visage et je lui ai dit : « Tu n'es pas seulement un pédophile, tu es aussi un rat ». « Je regrette vraiment de l'avoir manqué, les gosses qu'il a tués en 1981 ne seraient pas morts aujourd'hui. »

Clifford Robert Olson qui se surnommait lui-même « la bête de la Colombie britannique » a sans doute été l'un des pires tueurs en série de l'histoire judiciaire canadienne. Il finit ses jours au pénitencier de Sainte Anne des Plaines, dans la région de Montréal où il décède d'un cancer le 30 septembre 2011. Jusqu'à la fin, il n'a eu de cesse de harceler les familles et la justice par ses courriers à répétition. Détails sordides et demandes farfelues lui procuraient, semble-t-il, beaucoup de plaisir…

1980 – Claus Von BÜLOW

Claus von Bülow descend d'une illustre famille de la noblesse allemande, ruinée par la première guerre mondiale. Ce qui n'empêche pas la famille de s'installer dans la capitale londonienne où Claus fréquente le Trinity collège de l'université de Cambridge. Le plus riche du Royaume-Uni. Il en sort, diplômé en droit, avant de rejoindre l'Institut d'études politiques de Paris, communément appelé Sciences Po. À l'issue de brillantes études il s'installe comme avocat, spécialisé surtout dans le droit des affaires.

C'est en 1966 qu'il décide d'épouser une femme du monde, fille d'une grande famille des « Hamptons » une région de l'île de Long Island qui se situe dans le nord de l'Etat de New-York. Il la rencontre lors d'un voyage de cette dernière à Londres. Martha Shrap Crawford, que l'on appelle aussi du sobriquet de « Sunny » (la rayonnante), a déjà deux enfants, Alexander et Ala de son premier mariage le 20 juillet 1957 avec Alfred Eduard. Le couple divorce en 1965. Sunny est lassée de la collection de maîtresse de son époux. Martha possède alors une fortune considérable évaluée à 75 millions de dollars. Le nouveau couple partage son temps entre l'appartement de New-York et le manoir de Clarendon situé à Rhode Island.

Le ménage semble heureux et donne naissance le 15 avril 1967 à leur fille Cosima. Malheureusement l'accouchement se passe très mal. On ne saura jamais ce qu'il s'est vraiment produit, le fait est que Sunny refuse, une fois rentrée de la maternité, tout rapport sexuel. Consciente que son mari a certains besoins qu'elle refuse de satisfaire, elle l'autorise à avoir des maîtresses. Cet arrangement ne tient pas dans le temps. Ne pouvant être entièrement son épouse, elle devient possessive sur un autre tableau avec son époux.

Martha propose à Claus de donner sa démission à son principal client Paul Getty en échange d'un héritage de 14 millions de dollars, elle ajoute la propriété de Clarendon House, d'autres demeures appartenant à sa famille et plusieurs œuvres d'art. Von Büllow accepte le marché, qui porte un coup fatal au couple. Au fur et à mesure Von Büllow regrette son choix, lui un grand avocat d'affaire réduit au rang d'un simple secrétaire particulier de son épouse. Sunny, quant à elle, commence à sombrer dans l'alcool, seul refuge qu'elle a trouvé à son désespoir. Elle prend également du poids et devient dépendante aux tranquillisants. La presse ne manque pas de parler d'un probable divorce du couple.

A la fin des années 1970, Claus Von Bülow rencontre une autre femme, Alexandra Isles, qui est d'origine danoise. Pour respecter l'accord passé avec son épouse, il la met au courant de sa liaison, mais cette fois Martha ressent un sentiment différent de son mari à l'égard de cette femme, comme un danger. Elle ne se trompe pas, Claus envisage durant une courte période de divorcer pour épouser sa nouvelle maîtresse, mais y renonce.

C'est le 27 décembre 1979 que Maria Schrallammer la domestique allemande de Sunny Von Büllow s'inquiète de ne pas avoir de nouvelle de sa patronne. Elle se présente plusieurs fois à l'entrée de la chambre pour savoir si « madame » a besoin de quelque chose, mais se fait éconduire poliment par Claus. Ce n'est que dans la soirée au retour du fils de Sunny qu'elle va enfin pouvoir accéder à la chambre et découvrir Sunny inconsciente, manifestant de grandes difficultés pour respirer. La domestique et le fils de Sunny décident d'appeler les secours. Elle est immédiatement transportée dans une clinique où il s'en est fallu de peu. Sunny est sauvée de justesse alors que les médecins découvrent dans les analyses de sang un taux très faible de sucre. Elle n'avait pas absorbé d'alcool ni de barbituriques.

Certains médecins envisagent l'injection d'une dose d'insuline mais, dans ce cas, il s'agirait d'un acte criminel ou d'une tentative de suicide. Un avis psychiatrique est demandé pour en avoir le cœur net ; ce dernier émet l'hypothèse, avec une certaine prudence, d'un état suicidaire. Pourtant dans les mois qui suivent, la vie reprend son cours. Tout semble normal excepté les soupçons de Maria, la domestique, qui n'a pas apprécié l'interdiction d'entrer dans la chambre par le mari. A partir de ce moment, elle ne cesse d'observer le moindre de ses faits et gestes et reste persuadée de sa culpabilité dans le coma de Sunny.

Continuant ses occupations la domestique trouve dans les effets personnels de Claus, une trousse qui contient plusieurs flacons de poudre. Elle décide de les faire analyser en cachette, à ses frais. L'analyse démontre qu'il s'agit de valium. Quelques temps plus tard, elle découvre aussi des seringues hypodermiques et un flacon d'insuline, qu'elle sera la seule à voir.

Le 1er décembre 1980, Claus Von Bülow découvre son épouse inconsciente dans le sol de la chambre. Il prévient immédiatement les secours qui concluent à une surdose d'aspirine, sans doute une tentative de suicide. Comme la fois précédente, il s'en est fallu de peu pour que ce nouveau malaise soit fatal. Cette fois Claus sait très bien que le divorce est définitivement impossible, on lui reprocherait de laisser son épouse dans une détresse affective importante. Malaise qu'il rattache systématiquement à la naissance difficile de leur fille.

Le 21 décembre 1980, lors d'une visite à leur propriété de Clarendon House, Claus Von Bülow découvre sa femme inconscience, une fois de plus, dans une pièce située à l'étage. Les secours dépêchés sur place constatent à leur arrivée que l'état de santé de Sunny Von Bülow est très préoccupant. Un pouls à 38 pulsations minute et une température anormalement basse à 27,5 degrés. Elle est immédiatement transportée en clinique. A son arrivée le bilan fait état d'un coma hypoglycémique avec un cerveau atteint à 60%. Il est peu probable que Sunny se réveille un jour.

Pour les médecins, il est évident que l'état de la malade n'a pu être causé que par une injection d'insuline. Alors que la patiente profite d'une chambre à 1 000 dollars la journée, dans un établissement de luxe situé au cœur de Manhattan, un conseil de famille se réunit, composé des parents de Sunny, ses enfants et la domestique Maria Schrallammer. Pour eux, la culpabilité de Claus Von Bülow ne fait aucun doute. Le conseil à l'unanimité décide de s'adjoindre les services d'un détective privé pour trouver les preuves nécessaires pour le traduire devant la justice. Notamment la fameuse trousse aperçue par Maria. Elle est récupérée discrètement. Sur l'une des aiguilles on trouve des restes d'insuline et de sédatif comme le Valium. La famille décide alors de porter plainte officiellement.

C'est trois mois plus tard que le procureur de l'Etat décide d'inculper Claus Von Bülow pour les deux tentatives de meurtres contre son épouse Sunny. A cet instant Claus se trouve en Europe et peut, s'il le désire, se réfugier au Danemark où il ne pourrait pas être extradé en raison de sa nationalité danoise. Toutefois, Claus décide de rentrer aux Etats-Unis le 14 juillet 1981 pour se défendre des accusations portées contre lui. Les autorités lui confisquent son passeport mais le laissent en liberté.

Le procès de Claus Von Bülow s'ouvre le 1er février 1982 à Newport sous la présidence du juge Needham. Face à lui l'avocat des parties civiles, Stephen Famiglietti qui parle d'un crime ingénieux commis par un individu qui a usé d'une injection d'insuline pour hériter de 14 millions de dollars et des accords passés avec son épouse. En effet, Sunny n'avait rien prévu dans l'acte en cas de divorce. Alors que la défense de Von Bülow insiste sur les hautes fonctions de son client, et de la conduite destructrice de Sunny Von Bülow, les enfants issus du premier mariage assurent à la

Cour que leur mère n'est ni alcoolique, ni dépressive. A ça, il faut ajouter également les déclarations de la domestique Schrallammer qui porte de graves accusations contre von Bülow et insiste sur l'existence de la trousse contenant seringues et flacons d'insuline.

Le 9 février 1982, un médecin appelé à la barre affirme que le malaise de Sunny Von Bülow n'a pu être provoqué que par une injection d'insuline. L'actrice Alexandra Isles, maîtresse de l'accusé, comparait et déclare avoir des doutes quant à la culpabilité de son amant. Mais voilà, l'accumulation de preuves défavorables à l'accusé est mal contredite par la défense qui n'oppose que des arguments pour le moins maladroits. Les délibérations durent six jours et le 16 mars 1982 Claus Von Bülow est reconnu coupable d'avoir provoqué les deux comas. Le juge condamne Claus à trente ans de prison. Ce dernier fait appel avec ses avocats et reste en liberté durant l'effet suspensif mais doit s'acquitter d'une caution d'un million de dollars.

Lors du premier procès, Claus Von Bülow a jugé ses avocats incompétents. Il décide pour le procès en appel de se passer de leurs services. A la surprise générale, il engage le professeur d'université d'Harward, Alan Dershowitz reconnu comme l'un des plus brillants experts en droit des Etats-Unis, qui pourtant est persuadé, du moins au début, de la culpabilité de Von Bülow. Remettant sans cesse ses convictions en question, il décide d'accepter le challenge et se fait aider par 23 de ses étudiants pour mener une contre-enquête. Pour ce qui est de la plaidoirie il recommande à Claus de s'adjoindre les services de maître Thomas Puccio, un procureur américain qui a servi au ministère de la Justice des États-Unis, notamment en tant qu'enquêteur et procureur dans l'affaire Abscam, avant de travailler en tant qu'avocat de la défense pénale.

En avril 1995 s'ouvre le procès en appel à Providence la capitale et la ville la plus peuplée de l'État du Rhode Island. Cette fois, c'est la juge Corine Grande qui préside les débats tandis que les chaînes de télévision se sont déplacées en masse pour couvrir l'événement. Comme pour le premier procès, le fils de Sunny Von Bülow confirme sa certitude sur la culpabilité de son beau-père tout comme sa sœur. La domestique Maria Schrallammer ne change rien non plus à ses accusations. Entre temps, l'actrice Alexandra Isles s'est éloignée de son amant Claus Von Bülow et l'accable dans un témoignage malmené par la défense de l'accusé. Dans l'ensemble, ce témoignage laisse une impression défavorable aux jurés étant donné l'acharnement du témoin à vouloir impliquer un homme qu'elle a défendu par le passé.

La comparution des experts, loin d'être du domaine de l'impression, devait permettre à l'accusation de porter des coups décisifs à la défense. Mais, contre toute attente, le docteur James Spark, directeur du centre ayant réalisé les tests sanguins de Sunny von Bülow, fut pris en défaut par la défense. La défense parvint à établir que le test sanguin n'avait pas été confirmé par un second test pourtant obligatoire. Les résultats d'analyses sanguines, éléments majeurs de l'accusation, furent déclarés nuls et non avenus ce qui constituait un véritable tournant du procès.

L'accusation tente de sauver ce qui peut l'être grâce à la mystérieuse trousse contenant seringues et insuline. Mais un expert en toxicologie, Leo del Cortivo, affirme que l'aiguille imprégnée d'insuline et de Valium n'avait jamais été utilisée car une aiguille utilisée dans un corps humain en serait ressortie nettoyée par la pression de la peau. Par ailleurs, s'il y avait du Valium sur l'aiguille, aucune trace de ce produit n'avait été découverte dans le corps de Sunny Von Bülow. Ce témoignage laisse suspecter une mise en scène aux dépens de Von Bülow. Pour l'accusation, l'affaire tourne à la déroute. Del Cortivo termine son témoignage en revenant sur un malaise de Sunny Von Bülow consécutif à l'ingestion massive d'aspirine. Le toxicologue affirme que le coma passager a été causé par l'absorption d'une soixantaine de comprimés pris simultanément, ce qui peut être une tentative de suicide mais exclut à coup sûr l'idée d'une administration aussi discrète que criminelle.

Le coup fatal est porté à l'accusation lorsque le juge reconnait que la trousse suspecte ne peut être utilisée en justice car cette dernière a été saisie illégalement. Le 27 avril 1985, le jury déclare Von Bülow non coupable. L'accusé sort du tribunal avec un verdict d'acquittement.

Claus von Bülow renonce aux 14 millions d'héritage et à Clarendon Court. Il quitte les Etats-Unis et s'installe à Londres, refusant d'accorder des interviews sur l'affaire. Martha "Sunny" Von Bülow décède d'un arrêt cardiaque le 6 décembre 2008, après avoir passé 28 années dans un coma dont elle ne s'est jamais réveillée. Cette affaire est transposée au cinéma en 1990 sous le titre « le mystère Von Bülow » avec Glen Close et Jeremy Irons qui reçoit un oscar pour sa prestation. Le 25 mai 2019, Claus Von Bülow décède à l'âge de 92 ans sans jamais avoir évoqué l'affaire qui reste un mystère pour certains observateurs, malgré l'acquittement dont il a bénéficié…

1980 – Mark CHAPMAN

Nous sommes à Fort Worth aux Etats-Unis, une ville du Texas, la deuxième plus grande ville de l'aire urbaine de Dallas. David Curtis Chapman, sergent dans l'US Air Force, et son épouse Diane Elizabeth qui exerce le métier d'infirmière donnent naissance à un petit garçon le 10 mai 1955.

Mark est élevé dans un climat de peur provoqué par la violence de son père et il va manifester très tôt des signes intenses de schizophrénie. C'est dans un monde imaginaire peuplé par les personnages du film « Le magicien d'Oz » que Chapman se réfugie. A chaque coup que son père administre à sa mère, le personnage du roi peureux auquel il s'identifie vient à son secours. A l'âge de huit ans,

213

alors qu'il lui arrive de séparer son père et sa mère dans leurs bagarres, il s'invente un monde peuplé de milliers de petits hommes placés sous ses ordres. Le roi qui donne des ordres à ses sujets, cela semble lui donner un pouvoir, toujours imagé, mais permet de le faire grandir sans devenir le lion peureux du film. Il vit une enfance mouvementée, passant d'une ville à l'autre suivant les affectations de son père, fuguant, essayant la drogue, le LSD, puis la Bible. C'est dans ces années de beatlemania qu'il achète des albums du groupe.

The Beatles est un groupe musical britannique originaire de Liverpool, composé de John Lennon, Paul McCartney, George Harrison et Ringo Starr. Il demeure l'un des groupes de rock les plus populaires au monde. En dix ans d'existence et seulement huit ans de carrière discographique (de 1962 à 1970), les Beatles ont enregistré douze albums originaux et ont composé plus de 200 chansons. C'est ce phénomène d'une grande ampleur qu'on a dénommé Beatlemania.

John Lennon donne une interview le 4 mars 1966 à la journaliste Maureen Cleave pour le « London Evening Standard. Au sommet de la popularité de son groupe, le chanteur déclare : « Le christianisme disparaîtra. Il s'évaporera, décroîtra. Je n'ai pas à discuter là-dessus. J'ai raison, il sera prouvé que j'ai raison. Nous sommes plus populaires que Jésus, désormais. Je ne sais pas ce qui disparaîtra en premier, le rock 'n'roll ou le christianisme… »

Au Royaume Uni et dans le reste de l'Europe, cette phrase passe pratiquement inaperçu, mais aux Etats-Unis elle provoque un véritable scandale, grâce notamment aux propos repris, déformés et amplifiés par une station de radio de l'Alabama. Elle suggère que les disques des Beatles soient brûlés en représailles des paroles prononcées qu'ils jugent blasphématoires. La « Bible Belt » américaine qui constitue une zone géographique et sociologique des États-Unis dans laquelle vit un nombre élevé de personnes se réclamant d'un « protestantisme rigoriste », ne tarde pas à mettre ces propos en application. Le Ku Klux Klan, une organisation de défense ou de lobbying des intérêts et des préjugés des éléments traditionalistes et xénophobes de certains Blancs protestants des États-Unis, classée à l'extrême-droite, menace directement les concerts du groupe.

Sur l'ampleur que prend le scandale, le chanteur Paul McCartney, membre du groupe tente de tourner l'affaire en dérision en déclarant : « Il faut bien qu'ils les achètent avant de les brûler », mais le malaise demeure. C'est avant leur ultime tournée prévue à Chicago le 11 août 1966 que John Lennon se justifie devant les médias américains : « Si j'avais dit que la télévision était plus populaire que Jésus, j'aurais pu m'en tirer sans dommage […] Je suis désolé de l'avoir ouverte. Je ne suis pas anti-Dieu, anti-Christ ou anti-religion. Je n'étais pas en train de taper dessus ou de la déprécier. J'exposais juste un fait, et c'est plus vrai pour l'Angleterre qu'ici [aux États-Unis]. Je ne dis pas que nous sommes meilleurs ou plus grands, je ne nous compare pas à Jésus-Christ en tant que personne, ou à Dieu en tant qu'entité ou quoi qu'il soit. J'ai juste dit ce que j'ai dit et j'ai eu tort. Ou cela a été pris à tort. Et maintenant, il y a tout ça... »

Mark, comme beaucoup d'américains, assiste à ce feuilleton du haut de ses onze ans, la polémique reste gravée dans sa mémoire.
Durant son adolescence en Georgie, Mark devient éducateur dans une YMCA (Young Men's Christian Association) qui peut se traduire par une union chrétienne de jeunesse, présentes dans 119 pays, représentant 58 millions de membres qui œuvrent dans de nombreux domaines. Le célèbre groupe de disco Village People en fera d'ailleurs un de ses nombreux succès dans les années 1970. Tous les enfants se prennent d'amitié pour lui, il devient à leurs yeux quelqu'un d'important au sein de la communauté, il travaille ensuite comme bénévole au Liban et également au Vietnam dans un centre qui accueille des réfugiés.

En 1976, Chapman, en compagnie de sa petite amie Jessica, décide de s'inscrire dans une université presbytérienne située dans le Tennessee afin d'y préparer son diplôme d'éducateur. Il est de nouveau victime de ses pulsions dépressives dues à son enfance. Egocentrique de surcroit, il attache beaucoup d'importance au regard des autres et ne supporte pas de n'être rien ou de ne pas se faire remarquer par ses semblables. Apprécié par les enfants, il n'atteint pas l'épanouissement qu'il espère dans son rôle d'éducateur.

C'est en 1977 que Mark Chapman décide de faire son premier voyage ; son rêve : faire le tour du monde, inspiré par le film sorti en 1956, "Le tour du monde en 80 jours" avec David Niven. Il choisit comme première destination une île hawaïenne du nom d'Oahu. Son désir premier, vivre comme un pacha, dans la luxure, en dépensant toutes les économies qu'il a mises de côté. Il s'aperçoit très vite que l'argent se dépense beaucoup plus vite qu'il ne se gagne. C'est complètement à sec qu'il se rend dans une YMCA et recontacte son ex-petite amie qu'il avait quittée après l'avoir trompée. C'est donc plein d'espoir qu'il rentre aux Etats-Unis.

Ses idées noires le regagnent, il décide de repartir vers son île pour en finir avec la vie. En mai 1977, il loue une voiture et se rend sur la célèbre plage d'Honolulu, la capitale de l'Etat d'Hawaï. Il s'installe au volant du véhicule, non sans avoir placé à la sortie du pot d'échappement un tuyau le reliant à l'intérieur. Deux événements vont contrarier ses plans, le soleil très présent qui fait fondre le tuyau déjà mis à rude épreuve avec les gaz, et la présence d'un pécheur qui le sauve in extrémis. Il est alors interné en hôpital psychiatrique.

Chapman est persuadé que c'est Dieu qui lui a sauvé la vie, sans doute se persuade t-il qu'il a une mission importante à réaliser sur terre avant de partir vers un repos éternel. Il profite de son séjour à l'hôpital pour s'improviser messie. Il passe beaucoup de temps avec les personnes âgées, souvent délaissées par leurs familles, à qui il tient compagnie pendant des heures. C'est alors que l'on décide au fur et à mesure de sa guérison de lui confier un travail d'agent d'entretien. Il effectue sa tâche avec beaucoup de ferveur et de passion.

Il entre dans une phase d'extase et reprend gout à la vie au début du printemps 1978. La même année, profitant d'un cadeau de son père d'un montant de 1 000 dollars, il décide de voyager en Asie et au Moyen Orient pour s'installer dès son retour à Atlanta. Il fréquente une jeune américaine d'origine nippone, Gloria Abe, qu'il épouse le 2 juin 1979. Ainsi il se rapproche de son idole John Lennon qui de son côté file le parfait amour avec sa compagne Yoko Ono, une artiste expérimentale japonaise, qu'il a rencontré le 9 novembre 1966 lors du vernissage de son exposition. Les membres du groupe légendaire des Beatles se séparent à la fin de l'année 1969. Chacun entame une carrière solo. John Lennon et Paul McCartney revendiquent chacun l'initiative de la séparation, mais une page de la pop anglaise se tourne. John épouse Yoko le 20 mars 1969. George Harrison, quant à lui, s'éteint le jeudi 29 novembre 2001 dans une clinique de Hollywood des suites d'un cancer du poumon. En 1988, Ringo Starr suit une cure de désintoxication à Tucson, en Arizona, pour se débarrasser définitivement de son problème d'alcool. Il forme peu après le All-Starr Band, un groupe destiné à l'accompagner dans ses tournées.

En 1979 Mark est de nouveau en proie à des crises de violence de plus en plus intenses. Sa grande consommation d'alcool n'arrange rien. Il est licencié après une altercation avec une infirmière. Il trouve un emploi de gardien de nuit et se met à dévorer littéralement l'ouvrage "L'attrape cœur" de Salinger qu'il porte toujours sur lui. Publié aux Etats-Unis en 1951, ce livre a été vendu à plus de 60 millions d'exemplaires et continue, encore à ce jour, à se vendre à 250 000 exemplaires chaque année. Critiqué pour ses thèmes abordés, il est toutefois enseigné aux Etats-Unis et au Canada et ce malgré le langage familier et injurieux de cette notion d'antihéros. Ce roman a la réputation d'être le livre de chevet des sociopathes.

Chapman s'identifie au héros du livre qui raconte sa dérive scolaire de l'université de New-York, pour terminer par une réservation dans un hôtel sordide « The Edmont Hotel ». Son personnage, Holden Caufield, dénigre tout ; il adore monter des bobards pour s'attirer la sympathie des foules. Il végète ainsi entre ivresse et solitude. Ses contemporains n'évoquent pour lui que dégout, incompréhension, agacement et compassion mêlés d'écœurement. C'est exactement ce que ressent Mark Chapman, il fusionne avec le personnage du roman.

Il renoue avec les Beatles à la faveur d'une visite à la bibliothèque et découvre une biographie de John Lennon écrite par Anthony Fawcette qui a pour titre « One day at a time ». Bien que cet ouvrage soit élogieux envers l'un des leaders du groupe, il évoque pour Mark un symbole du cynisme et du mensonge d'un pacificateur qui ne se bat qu'en parole mais vit dans le luxe de sa tour d'ivoire. Pour lui, aucun doute, Lennon est un traître et doit être abattu, le projet de le tuer commence à germer dans son esprit.

Le 23 octobre 1980, Mark Chapman quitte son emploi de gardien. Il s'est procuré le dernier album studio de John Lennon « Double Phantasy » et se rend chez un armurier pour acheter une arme. Le 29 suivant, il se rend à New-York avec la somme de 5 000 dollars en poche qu'il a empruntée auprès de sa belle-famille. Au pied du Dakota building où son idole réside, il attend sans succès. Il décide de faire un crochet par Atlanta pour revenir le 8 novembre à New-York. Un film « Des gens comme les autres » de Robert Redford qui traite de la culpabilité et de la rédemption menace un moment son projet funèbre, il décide qu'il doit abandonner et rejoindre son épouse.

De retour à Hawaï, Mark Chapman tourne en rond comme un lion en cage, il ne se contient plus. C'est armé qu'il retourne le 6 décembre à New-York. Le matin du 8, il décide que c'est le bon jour pour tuer son idole et ainsi accomplir son destin. Il se rend au pied de son immeuble et mêlé aux nombreux fans se fait dédicacer son exemplaire de Double Phantasy, en gardant bien en poche son exemplaire de « L'attrape cœurs », comme une sorte de porte-bonheur qui le rend plus fort dans sa détermination. Il part mais demeure à proximité de l'immeuble. C'est à 22h50 que John Lennon rentre en compagnie de Yoko. Mark Chapman s'avance et tire à cinq reprises dans le dos du chanteur qui fait quelques pas avant de s'écrouler.

Mark se réfugie dans une ruelle proche, il est en train de lire son livre tranquillement lorsqu'il est arrêté par les forces de police. La nouvelle de la mort de John Lennon, officiellement déclarée à 23h07 à l'hôpital Roosevelt, fait l'effet d'une bombe. Non seulement dans le monde de la chanson, mais aussi pour les idées et causes humanitaires défendues par le chanteur. Chapman se laisse arrêter sans difficulté, même s'il craint d'être lynché par la foule. Yoko Ono fera une simple déclaration pour encourager les fans à prier pour lui comme il l'a toujours fait de son vivant, aucune cérémonie n'aura lieu, il est incinéré et ses cendres remises à son épouse.

Chapman est interné à l'hôpital Bellevue avec des mesures de sécurité propres à un chef d'Etat. Les vitres de sa chambre sont peintes en noir pour éviter le tir d'un sniper. Lorsqu'on assassine une personnalité comme John Lennon, le danger vient surtout des fans et de la population. Garder en vie son assassin est le seul moyen d'essayer de comprendre et de permettre la tenue d'un procès. Inculpé de meurtre avec préméditation, il lui est recommandé de plaider non coupable pour cause d'aliénation mentale. Pourtant, contre toute attente, il décide de plaider coupable. Il est condamné à la prison à perpétuité dont 20 ans incompressibles. Placé à l'isolement, il rejoint des sociopathes comme John Bardo rendu coupable du meurtre de l'actrice Rebecca Schaeffer ou encore John Hincley qui a essayé d'intenter à la vie du président Reagan pour s'attirer les bonnes grâces de l'actrice Jodie Foster.

Sa tête est mise à prix des dizaines de fois et sa libération plusieurs fois refusée. Son épouse Yoko s'est opposée en 2005 au projet d'une chaine de télévision britannique de faire une interview du meurtrier de son mari. Elle attaque si fort le média que ce dernier n'a pas d'autre solution que de retirer son projet. Deux faits troublants restent dans les mémoires, John avait mentionné plusieurs fois sa mort qu'il voyait de toute façon tragique. Dans la chanson « Come Together » (venez ensemble) où à chaque couplet sont répétés les mots « Shoot me » (tue-moi). Des années auparavant, durant la période Beatles, il avait ajouté à une journaliste : « Je serais probablement descendu par un cinglé ! » Dans une interview accordée à Lynne Schultz le 26 décembre 2006, Mark Chapman essaie de justifier son geste : « Lennon nous dit d'imaginer un monde sans possessions et le voilà avec des millions de dollars, des yachts, des propriétés et investissement immobiliers, se moquant des gens comme moi qui crurent ses mensonges et achetèrent ses disques, en construisant une grande partie de nos vies autour de sa musique ». Cependant, il avoue que son nom associé à celui de John Lennon n'est pas sans lui déplaire car, quelque part, son idole a servi sa notoriété.

C'est en août 2014, lors de l'audience de liberté conditionnelle, que Mark Chapman évoque pour la première fois des regrets sur son geste. Interrogé par vidéo conférence de sa cellule dans l'Etat de New-York par trois personnes chargées d'entendre sa déclaration, il déclare : « Je suis désolé d'avoir causé cette peine. Je suis désolé d'être un idiot et d'avoir choisi le mauvais chemin pour devenir célèbre. Beaucoup de gens l'aimaient. C'était un homme extraordinaire et de grand talent. Ses fans souffrent encore. Je reçois des lettres, je sais que ce n'est pas un crime comme les autres ». Malgré l'expression de son remord, Mark Chapman se voit refuser, à nouveau, sa demande de remise en liberté. « La demande est rejetée. Après examen [...] le panel a déterminé que si vous êtes libéré maintenant, il y a une probabilité que vous ne viviez pas en liberté sans à nouveau violer la loi, et votre libération serait incompatible avec le bien-être de la société »

En 2015, l'épouse de Mark Chapman, Gloria Hiroko révèle au journal britannique Mail On Sunday qu'ils ont écrit tous les deux à la veuve de John Lennon pour lui demander pardon. Mark insiste sur le fait que le crime n'était pour lui qu'un moyen de rentrer dans la légende. Yoko Ono a toujours refusé et a déclaré : « C'est quelqu'un qui a commis un acte de folie, un acte irréversible. Pourquoi devrais-je lui accorder mon pardon ? ». Paul McCartney comme Yoko Ono veillent à l'héritage artistique et spirituel de John Lennon. Des années après sa ‘mort, il demeure aimé, salué, adulé, collectionné. Paul McCartney déclarant même à propos du meurtrier qu'il était « le plus connard de tous les connards ! », Agée de 63 ans, Gloria, employée dans un hôpital d'Hawaï, continue de rendre visite à son mari en prison. Chaque année, il dispose de 44 heures de pure intimité dans une caravane dans la cour intérieure de la prison. Ils préparent et mangent des pizzas, regardent la télévision et ont des rapports sexuels. Elle déclare comme une lycéenne : « Faire l'amour avec Mark c'est formidable !».

Mark Chapman fait partie des rares détenus dont la sortie n'est pas souhaitée. Certes elle est possible du point de vue juridique, mais pas sur le point sécuritaire, sa tête est toujours mise à prix pour être l'assassin du plus emblématique des Beatles.

Le 28 mars 2008, Jarrett Schaefer réalise un film « Chapitre 27 » qui traite de l'assassinat, avec Jared Leto dans le rôle de Mark Chapman. Le public accueille très mal le film alors que l'interprétation livrée par son acteur révèle la personnalité du tueur avec beaucoup de talent. Même au cinéma, on a l'impression que rien ne peut rendre Chapman célèbre, l'assassinat d'une légende reste un fardeau trop lourd à porter à l'écran...

Des années après sa mort, John Lennon est l'un des artistes les plus populaires du 20ème siècle et incarne le mouvement pacifiste « Peace and love » des années 1960 et 1970. Un rassemblement à sa mémoire continue d'avoir lieu à New York chaque 8 décembre, date de sa mort, et plusieurs mémoriaux sont érigés en son honneur à travers le monde. Les seuls mots de sa célèbre chanson « Imagine » laissent entrevoir le monde qu'il avait rêvé pour ses contemporains, la violence engendre la violence, la douleur d'une disparition comme John Lennon laisse un vide difficile à combler...

Imagine there's no heaven,
Imagine qu'il n'y a aucun Paradis,
It's easy if you try,
C'est facile si tu essaies,
No hell below us,
Aucun enfer en-dessous de nous,
Above us only sky,
Au dessus de nous, seulement le ciel,
Imagine all the people,
Imagine tous les gens,

Living for today...
Vivant pour aujourd'hui...

Imagine there's no countries,
Imagine qu'il n'y a aucun pays,
It isn't hard to do,
Ce n'est pas dur à faire,
Nothing to kill or die for,
Aucune cause pour laquelle tuer ou mourir,
No religion too,
Aucune religion non plus,
Imagine all the people,
Imagine tous les gens,
Living life in peace...
Vivant leur vie en paix...

226

1981 – John Warnock HINCKLEY Jr

Nous sommes aux Etats-Unis, plus précisément à Ardmore, une petite ville de l'Oklahoma, siège du comté de Carter. Le 29 mai 1955 John Warnock Hinckley Jr nait. Il ne grandit pas dans cette ville et passe le plus clair de sa vie dans l'Etat du Texas, puis du Colorado.

Peu doué pour les études, il effectue toutefois son cursus scolaire à l'université du Texas entre les années 1973 et 1980. Une petite interruption en 1976 où il rejoint Los Angeles pour espérer devenir compositeur. Malheureusement, la détermination ne suffit pas et le talent fait cruellement défaut malgré son travail acharné. Il entretient une relation épistolaire avec ses parents, surtout pour leur demander de l'argent. Son désir de vouloir se sortir de ce qui semble être le début d'une névrose lui fait inventer l'existence d'une petite amie prénommée Lynn Collins.

Il retourne chez ses parents à Evergreen, une petite ville du Colorado. Il vit ensuite quelques années seul avant de retourner à nouveau au domicile parental. John n'arrive pas à trouver sa place ni même sa voie. Il a besoin de jouer un rôle ou de trouver un but à sa vie, mais rien ne se passe.

C'est à ce moment là qu'il tourne son obsession vers un film, « Taxi Driver », sorti en 1976 et primé au festival de Cannes. Vétéran de la Guerre du Vietnam, Travis Bickle, interprété par Robert de Niro, est chauffeur de taxi dans la ville de New York. Ses rencontres nocturnes et la violence quotidienne dont il est témoin lui font peu à peu perdre la tête. Il se charge bientôt de délivrer une prostituée mineure, interprétée par Jodie Foster, de ses souteneurs avant de projeter d'assassiner un candidat à l'élection présidentielle.

Il développe une obsession pour la jeune actrice. Lorsque celle-ci projette de se rendre à l'université de Yale, John Hinckley décide également de se rendre au Connecticut dans la ville de New Haven. Ce qu'il veut, c'est être le plus proche d'elle pour espérer lui démontrer son amour. Il commence par faire passer des messages ou glisser des poèmes sous sa porte, avant de passer aux appels téléphoniques, mais sans succès. Il n'arrive jamais à entrer en contact avec Jodie. Ses efforts sont vains. John imagine donc des scénarios rocambolesques pour s'attirer les faveurs de l'actrice où tout au moins pour qu'elle puisse avoir connaissance de son existence, sans les mettre à exécution. Certains projets sont pour le moins étranges et révèlent la fragilité mentale du jeune homme : suicide devant son idole ou encore détournement d'un avion. Hinckley se persuade que la seule manière d'attirer son attention est de réaliser un acte très médiatique, un peu comme dans le film qu'il connaît par cœur, attenter à la vie du président des Etats-Unis.

Il décide de pourchasser Jimmy Carter d'Etats en Etats avant d'être arrêté à Nashville dans le Tennessee. Sur lui, une arme à feu est saisie. Se trouvant de nouveau sans un sou, il décide de retourner chez ses parents. La dépression dont il souffre l'oblige à suivre un traitement et sa santé mentale se détériore de plus en plus, au grand désarroi de ses parents qui assistent impassible à la destruction de leur fils par la maladie. C'est en 1981 qu'il décide de s'en prendre au nouveau président qui vient d'être élu Ronald Reagan.

Pour attirer l'attention et justifier son geste en l'honneur de la femme qu'il croit aimer, John Hinckley décide d'écrire à Jodie Foster : « Ces sept derniers mois, je t'ai laissé des dizaines de poèmes, de lettres et de messages d'amour dans l'infime

229

espoir que tu puisses développer de l'intérêt à mon égard. Bien que nous ayons parlé au téléphone quelques fois, je n'ai jamais eu le courage de simplement te rencontrer pour me présenter [...] La raison pour laquelle je vais faire cela est que je ne peux plus attendre une seconde de plus pour t'impressionner ».

Nous sommes le 30 mars 1981, le président Ronald Reagan sort de l'hôtel Hilton situé à Washington, capitale des Etats-Unis, où il donne une conférence, lorsque Hinckley s'approche de lui et tente de le tuer en tirant à six reprises avec un Röhm RG-14 de calibre 22. Aucune des balles ne touche Reagan directement, mais l'une d'entre elles ricoche sur la limousine aux vitres blindées avant d'atteindre sa poitrine. Les autres balles font d'autres blessés comme l'attaché de presse James Brady ou l'agent de police Thomas Delahanty, tout comme l'agent des services secrets affecté à la sécurité, Timothy Mc Carthy. John n'essaie même pas de fuir, il accepte d'être maîtrisé puis plaqué au sol pour qu'il soit procédé à son arrestation tandis que la limousine s'enfuit à vive allure pour transporter le président Reagan vers l'hôpital universitaire George Washington. Le président survit à sa blessure.

Lors de son procès en 1982, John Hinckley est reconnu non coupable des trente chefs d'inculpation pour raisons psychiatriques. Paradoxalement, tandis que le ministère public représenté par le district attorney (procureur) le déclare pénalement responsable, le comité des experts psychiatriques le désigne irresponsable.

Hinckley est interné à l'hôpital Sainte Elizabeth de Washington en attendant sa guérison pour une durée indéterminée. En 1999, les médecins lui autorisent des visites à l'extérieur en compagnie de ses parents. Suivront des visites plus longues un an plus tard. Mais à la faveur d'une fouille, les privilèges lui sont retirés, lorsque dans sa chambre des objets considérés comme fétichistes sont retrouvés, liés à l'actrice Jodie Foster.

Plus de trente ans après, John est toujours interné. Aucun espoir selon les médecins d'une guérison. Il souffre d'érotomanie, une pathologie fréquente et souvent associée aux stars. C'est une maladie durable dont certains ne guérissent jamais. Ce n'est que lorsque la star devient déchue ou accessible que le mythe disparaît... parfois ! Ce genre d'histoire défraye régulièrement la chronique, le topo est toujours le même : s'imaginer une vie toute autre, s'aventurer au plus près des peoples.

Même si certaines histoires ne se finissent pas tragiquement comme celle de Jack Jordan, qui, obsédé par l'actrice Uma Thurman, est condamné à trois ans de probation pour avoir envoyé des lettres enflammées avant de s'introduire à plusieurs reprises dans son domicile. Sa vision de vivre avec l'actrice de Kill Bill et ses deux enfants n'est pas dans les projets de l'artiste. Ce type de harcèlement dure tout de même deux ans.

Tout comme ce fan de Mylène Farmer qui se rend à la maison de disque Polydor pour rencontrer son idole, le 14 novembre 1991. Le standardiste lui dit que l'artiste n'est pas là mais refuse de lui donner son adresse privée. Mauvaise idée, il lui tire dessus avec un fusil et décède quelques heures plus tard.

Le plus célèbre reste sans doute Mark David Chapman qui décide d'assassiner John Lennon le 8 décembre 1980 de cinq balles de révolver au pied de son immeuble. Condamné à la prison à perpétuité, ses demandes incessantes de libération se soldent par des échecs à répétition. Le dernier juge lui donne même l'assurance que pour sa part, il ne remettra jamais en liberté l'assassin d'une idole... l'ex-membre des Beatles.

Les espoirs de John Hinckley restent vains à jamais. En effet l'actrice Jodie Foster profite de la cérémonie des Golden Globe en 2013 pour avouer aux journalistes et professionnels du cinéma réunis son homosexualité...

1983 – Karla Faye TUCKER

C'est en 1959 au Texas que Karla voit le jour le 18 novembre dans une famille un peu déphasée. Karla n'est âgée que de 8 ans lorsqu'avec ses deux sœurs aînées, elle fume de la marijuana sous les encouragements de sa mère. Deux ans plus tard, elle se fait son premier shoot d'héroïne et à 14 ans Karla commence à se prostituer pour payer sa drogue. Les dix années qui suivent sont pour elle une véritable descente aux enfers.

Karla Tucker est une adolescente droguée, reléguée par la vie sur un bout de bitume, la prostitution fait partie de son quotidien et à 24 ans rien n'a encore changé pour elle. On pourrait même dire que la situation s'est dégradée. Elle cache sa misère dans l'insouciance et l'agressivité. Devenue marginale, elle est au regard de cette Amérique qui se croit prude, « la mauvaise fille ». Ses fréquentations n'arrangent rien et c'est sans doute cette vie misérable qui va la propulser vers son destin.

Il est 2 heures du matin lorsque le 13 juin 1983, elle demande à ses amis Danny Garrett et James Leibrant de l'amener régler un contentieux avec un garagiste Jerry Lynn Dean. Après une nuit passée dans l'appartement de la jeune femme à picoler et se droguer, on ne peut pas dire que l'équipée sauvage soit d'une grande fraîcheur. Bien chargée, Karla est dans un état d'excitation pratiquement paranoïaque. Elle reproche notamment à ce garagiste d'avoir arraché une photographie à laquelle elle tient, l'un des derniers clichés de sa mère qui depuis est décédée. Depuis ce jour elle lui en veut et a décidé avec ses compagnons de beuverie d'aller chatouiller Dean et de lui donner une bonne leçon. L'action punitive va vite se transformer en meurtre atroce.

Jerry Dean ne se méfie pas lorsqu'il entend frapper chez lui. Malgré l'heure tardive, il ouvre la porte et aperçoit Karla accompagnée de Danny. Telle une furie, elle se jette sur Jerry avec une pioche. Il n'a pas le temps d'esquiver l'outil. A moitié assommé, il saigne beaucoup tout en suppliant la jeune femme de lui laisser la vie. Mais dans une colère qu'elle ne peut contrôler, Karla se jette sur sa victime sans prêter attention à ses supplications. Elle frappe ! Frappe encore ! À 28 reprises la pioche va s'abattre sur l'homme qui a déjà perdu connaissance.

C'est au moment de repartir avec son complice que Karla entend du bruit dans la chambre à coucher qui se trouve dans la pièce voisine. Une femme est cachée sous les couvertures, recroquevillée dans le lit. Il s'agit de Déborah Thornton, la dernière conquête de Dean. Il a rencontré cette femme dans un bar quelques heures plus tôt alors qu'elle venait de se disputer avec son mari. Avec quelques verres, Dean a réussi à la convaincre de le suivre chez lui. Etrangère à l'affaire, elle devient un témoin gênant, c'est pour cette raison que Karla et Danny décident qu'elle doit mourir. Pendant ce temps James Leibrant qui attend dans la voiture ignore tout ce qui se passe à l'intérieur.

Lorsque Danny appelle James, ce dernier assiste à une vision cauchemardesque. Karla finit de tuer la pauvre femme en lui plantant la pioche dans le cœur avant qu'elle ne sorte du lit. Quelques heures plus tard, la police découvre le corps de Déborah, la pioche encore en position dans le cœur. Lorsque Garret et Karla rentrent à l'appartement il est 21h00. Ils arrivent à capter le journal du soir qui relate leurs exploits. Ils éclatent de rire et trinquent à leur célébrité. Une gloire de courte durée ; en effet, les deux écervelés ont oublié qu'ils avaient précédemment été arrêtés par la police. Leurs empreintes laissées sur les lieux et sur l'arme du crime étaient connues et répertoriées.

Sans grande surprise, les enquêteurs réussissent à travailler vite et bien. Ils arrêtent les jeunes gens et neuf mois après, ils sont jugés. Karla subit en prison une désintoxication à l'alcool et aux drogues. C'est durant le procès qu'elle avoue à la cour que sous l'emprise de stupéfiants, elle avait eu un orgasme, chaque fois que sa hache a frappé le dos de la jeune Déborah Thornton. Karla est déclarée coupable des deux meurtres, sans circonstances atténuantes. Le juge n'a pas d'autre choix que de la condamner deux fois à la peine capitale. Son complice Garrett est également condamné à mort pour complicité, mais atteint d'un cancer du poumon, il meurt en prison.

Contre toute attente, c'est dans le quartier des condamnés à mort que la jeune Karla va changer pour se métamorphoser radicalement. Un jour, elle décide de voler une bible, pourquoi ? Difficile à dire, la curiosité sans doute. A la lecture de l'ouvrage, elle a une réelle révélation. Karla qui a toujours été dure ne connaissant que le langage de la violence, commence à vouloir se repentir de ses crimes et se montrer ouverte aux préoccupations des autres prisonnières. Persuadée, que dans les cieux, il existe un pardon, elle désire le faire pour elle mais aussi pour ses complices. Et lorsqu'elle reçoit une lettre de Peggy, la sœur de l'une de ses victimes qui lui dit qu'elle lui pardonne, elle pense que c'est un signe et change littéralement d'attitude.

La femme rebelle, toujours forte en gueule devient une femme dévouée et gentille qui au sein du couloir, petit à petit, est accueillie comme une bénédiction, tant elle écoute et partage les peurs et angoisses de chacune. Elle se sent libre, comme débarrassée de ses démons. Si le couloir de la mort est la fin du voyage pour beaucoup, c'est pour elle une résurrection où elle connaitra également l'amour.

Dana Brown est le jeune aumônier de la prison d'Huntsville. Lorsqu'il rencontre Karla Tucker le coup de foudre est réciproque. L'homme d'église décrira ce moment « comme une main de Dieu qui se posait sur mon cœur ». Parce qu'il est un homme de Dieu et elle une ancienne émule de Satan, leurs sentiments explosent comme un éclair dans le ciel en colère. Ils peuvent se voir dans un parloir impersonnel séparés par une vitre renforcée. Aucune intimité pour les condamnés à mort et lorsque leurs mains tentent de se rejoindre à travers le verre glacé, rien ni personne ne peut plus les séparer. L'amour est né, une relation platonique avec des sentiments profonds mais un amour sans amour, sans jamais se toucher, séparés qu'ils étaient par cet objet impersonnel et transparent qui ne donne qu'une seule sensation, la frustration. Leur union est scellée le 24 juin 1995, mais toujours à distance, elle derrière la vitre de sa cellule et lui tentant de humer son odeur qu'il ne connaît pas et qu'il ne connaîtra jamais. Même en cas de mariage, les parloirs rapprochés autorisés pour les autres prisonniers sont interdits pour les condamnés à la peine de mort.

Karla forme avec Dana un bien curieux couple, mari et femme devant la loi des Etats-Unis d'Amérique, l'un qui attend la mort et l'autre qui doute que Dieu puisse permettre cette mort atroce. C'est le dilemme depuis les 12 années que Karla attend un ultime miracle. Pourtant, elle est heureuse, elle vit chaque jour et chaque minute comme un cadeau du ciel. Consciente d'avoir enlevé la vie de son prochain, elle demande pardon au monde entier. Elle qui a fait souffrir, souffre de ses remords, de ses cauchemars et de ses rêves qui ne se réaliseront jamais.

Lorsque Karla évoque la nuit de ses crimes, elle parle avec beaucoup de retenue, assumant seule les gestes qu'elle a commis : « Je ne veux ni blâmer ma mère ni la société. Les drogues n'excusent rien non plus. Je réalise pleinement ce que j'ai fait. Si je ne m'étais pas droguée, deux personnes seraient encore en vie aujourd'hui. Mais comme j'ai choisi de le faire, elles sont mortes à cause de moi. Je suis coupable. Infiniment coupable. Je n'essaye en aucun cas de minimiser la brutalité de mon crime. Ce fut de toute évidence monstrueux et ma responsabilité est totale dans ce qui est arrivé. Je sais aussi que d'après la justice et la loi, je dois payer de ma vie le crime de ces deux innocents que j'ai brutalement massacrés cette nuit là. Si mon exécution est la seule chose, l'acte final qui peut apporter restitution et justice, alors je l'accepte. Je payerai le prix de ce que j'ai fait de quelque façon que la loi le requière. »

Son histoire est relayée dans le monde entier. De nombreuses personnes sont prêtes à pardonner, tout comme certains chefs d'Etat ; le Pape Jean-Paul II, naturellement, mais aussi plusieurs membres du parlement européen, les nations unies et une partie non négligeable de la droite américaine, pourtant conservatrice. Pat Robertson le télévangéliste, appelle de ses vœux la clémence pour cette ancienne meurtrière. Les organisations hostiles à la peine de mort aux Etats-Unis, réputées très actives, emboitent le pas. Elles posent une question essentielle : « Qu'est-ce que la mort de cette meurtrière repentie apporterait aux victimes ? Reviendraient-elles à la vie ? Son exécution va-t-elle rendre le monde meilleur ? » De leur côté, les partisans défendent la souffrance des victimes et l'obligation de faire appliquer les décisions d'un jury populaire.

Il est rare, même aux Etats-Unis qu'une femme soit exécutée, elle bénéficie souvent d'une grâce du gouverneur, mais reste emprisonnée le plus souvent jusqu'à la fin de ses jours. Mais Karla Tucker déclenche à elle seule des doutes qui ébranlent les convictions américaines sur la peine de mort. Et si les assassins pouvaient se racheter ? La mobilisation sans précédent, toutefois, ne change rien à son sort. La commission des pardons du Texas a rejeté sa demande de grâce. Les 18 membres de la commission ont refusé sans explication sa demande pour que son exécution, soit commuée en peine de prison à vie. Ils ont même refusé de l'entendre et n'ont pas accordé le délai de 90 jours qui lui aurait peut-être permis de plaider à nouveau sa cause devant les tribunaux. A la veille de son exécution, elle n'a plus d'espoir d'y échapper.

Beaucoup de mansuétude est accordée à Karla, même si des irréductibles crient au scandale. « Œil pour œil, dent pour dent » sont inscrits sur certaines pancartes devant la prison de Huntsville. D'autres brandissent fièrement : « Karla, on te pardonne, on t'aime ! » Mais en Amérique, il y a cette bonne vieille loi du talion qui dit : « Elle a tué, elle doit être tuée. ». Même si 16 années au total se sont écoulées entre le crime et l'exécution programmée, un futur président des Etats-Unis ne peut se montrer faible, surtout au Texas, réputé pour son intransigeance. Et pourtant la femme qui va mourir n'est plus la même que celle qui a tué.

Une semaine avant, les avocats tentent une dernière action, tant de fois utilisée, mais sait-on jamais. Faire reconnaître que son exécution serait inconstitutionnelle. Le gouverneur républicain du Texas de l'époque George Bush ne peut gracier

Karla Tucker qu'à la condition que la commission le lui recommande à la majorité. Il peut toutefois accorder un sursis de 30 jours ce qu'il ne fera pas. Il explique sa décision dans une déclaration : « Karla Faye Tucker a reconnu sa culpabilité dans ce crime crapuleux. Elle a été déclarée coupable et condamnée par un jury populaire. Le rôle de l'état est d'appliquer les lois et de faire en sorte que tous les individus soient traités avec justice par ces lois. Comme beaucoup de personnes touchées par cette affaire, j'ai cherché la voie à suivre dans la prière. J'en ai conclu que les jugements portés sur le cœur et l'âme d'un individu se trouvant dans le couloir de la mort, appartiennent à une plus haute autorité. Les Cours, incluant la Cour Suprême, ont revu les problèmes légaux de cette affaire, et en conséquence, je n'accorderai pas ce délai de trente jours. Puisse Dieu bénir Karla Faye Tucker ainsi que ses victimes et leurs familles. »

Le gouverneur George W. Bush a donc refusé la grâce de Karla. Il espère que dans moins de 18 mois on l'appellera Monsieur le Président. Il est en pleine campagne électorale et ne doit pas montrer qu'il peut avoir un visage humain dans la forte Amérique. Les carrières sont bien plus importantes que les âmes. Lorsque le 3 février 1998 Karla est entravée sur la table d'exécution pour être tuée par injection létale, elle est la première femme à mourir aux États-Unis depuis 1984 et la première au Texas depuis 1863. Depuis le rétablissement de la peine de mort aux États-Unis en 1973, une seule femme a

241

vu tous ses recours rejetés. Velma Barfield a été exécutée pour avoir assassiné son fiancé le 2 novembre 1984 en Caroline du Nord.

Le pasteur Brown est effondré, il déclare qu'on lui a même interdit de lui toucher la main, c'est derrière une vitre qu'ils se sont dit « adieu ». Avant de mourir sa femme Karla lui a fait promettre de ne pas avoir de rancœur envers les Etats-Unis, son pays. Le Directeur de la prison, lui a demandé de prononcer ses dernières paroles. Elle a dit : « Je demande pardon aux familles de mes victimes, je remercie tous ceux qui m'ont aidé, je vous aime tous. Maintenant, je vais me retrouver face à face avec Jésus ». Lorsqu'il a donné l'ordre d'envoyer la première injection fatale, le bourreau a pleuré…

1983 – Elisabeth Diane DOWNS

Nous sommes le 7 août 1955 lorsque Diane voit le jour à Phoénix située aux Etats-Unis dans l'Arizona. Ses parents Willadene et Wes Frederickson se marient à l'adolescence, ils ont leur fille très jeune. A l'école, Diane est une bonne élève, même si elle est la risée de ses camarades car elle ne porte jamais de vêtements à la mode pour adopter des tenues strictes voulues par ses parents.

Dès l'âge de 11 ans, elle est victime par son père d'attouchements sexuels qui n'iront toutefois jamais jusqu'au viol. D'après ses déclarations ces pratiques se sont arrêtées du jour au lendemain, aussi vite qu'elles ont commencé. C'est à l'âge de 14 ans qu'elle a l'autorisation d'intégrer une école d'esthétique. Il s'agit d'un bouleversement dans sa vie. Nouvelle garde-robe, nouvelle coiffure et la découverte du regard des garçons du coin qui ne la laissent pas indifférente. C'est ainsi qu'elle joue à loisirs les idiotes de service pour s'attirer les faveurs de beaux jeunes hommes.

C'est Stevens Downs, un garçon qui fréquente le collège de Moon Valley, qui tombe instantanément amoureux de la jeune fille. Toujours main dans la main, la ravissante blonde devient indissociable du beau Stevens. Une fois le baccalauréat obtenu, les deux tourtereaux s'inscrivent chacun dans une école différente en fonction de leur choix, mais continuent de s'écrire chaque jour. Profitant des vacances pour se retrouver, ils se marient le 13 novembre 1973.

Il y a une différence entre le grand amour et vivre ensemble. Diane découvre chez Steve un côté dominateur. Le mari travaille à plein temps et Diane à mi-temps. Le mariage est un peu bancal et la désillusion s'installe jusqu'à ce que Diane découvre qu'elle est enceinte. C'est un sentiment d'amour nouveau pour elle et, pour une fois, exclusif. L'impression de construire quelque chose de merveilleux, donner une vie. Mais voilà, en octobre 1974 la naissance de sa fille Christie passée, la triste réalité revient sur le devant de la scène. Servir Steve, reprendre son travail à mi-temps et s'occuper en plus de leur fille. Pour tenir, elle a besoin de continuer de sentir un amour puissant.

De nouveau enceinte, Diane donne naissance à Cheryl Lynn en janvier 1976. L'année qui suit est difficile pour le couple qui se sépare plusieurs fois pour se remettre ensemble. Car, malgré tout, l'amour est encore là et le couple tient. Steve tient beaucoup à Diane, il est malheureux sans elle. A chaque départ de sa femme avec les enfants, c'est une grande souffrance. La famille déménage à Mesa, une ville située dans le comté de Maricopa, toujours dans l'État de l'Arizona, dans la banlieue de Phoenix. Là, ils ont la chance de travailler ensemble dans une usine de mobil-home. C'est là que Diane rencontre un homme. Toujours victime de sa soif d'amour, son cœur s'emballe. Cette relation extra conjugale lui donne un enfant.

C'est le 26 décembre 1976 que Danny voit le jour. Bien que Steve ne soit pas son père, il l'accepte comme le sien. Les efforts sont vains, le mariage est toujours aussi bancal, le couple est obligé de divorcer. Diane décide d'emménager chez le père de son fils. Libérée de son rôle d'épouse, elle commence également à se désintéresser de celui de mère. L'ivresse provoquée par la naissance de ses enfants est bien finie. Elle préfère travailler plus pour être moins à la maison. Ce sont les baby-sitters qui s'occupent le plus souvent des enfants. Elle refuse toute marque d'affection réclamée par Danny et punit allégrement ses enfants pour la moindre bêtise. En 1981, Diane trouve un emploi à la poste dans la ville de Chandler, toujours dans la banlieue de Phoenix. Un jour, elle fait la

245

connaissance de Robert Knickerbocker, un collègue de travail marié. Il devient son amant, mais la quitte pour retourner avec sa femme. Diane le harcèle et, depuis qu'elle est retournée vivre chez ses parents, lui téléphone tous les matins. Robert a cessé de répondre à ses appels depuis longtemps. Peu de temps avant sa rupture, il lui avait indiqué qu'il ne désirait pas d'enfants.

Le 19 mai 1983, il est un peu plus de 22h00 lorsqu'Elisabeth Diane Downs arrive à l'hôpital McKenzie-Willamette de Springfield, une ville américaine située sur le comté de Lane, dans l'État de l'Oregon. Rien ne prépare l'équipe de nuit à l'horreur qui suit.

Dans une allée située derrière les doubles portes automatiques des urgences, une jeune femme blonde d'à peine trente ans pointe son véhicule du doigt en s'adressant à la réceptionniste Judy Patterson : « Quelqu'un a tiré sur mes enfants ! ». Il s'agit de Diane. Une fois l'alerte donnée au personnel soignant, Judy compose le numéro de la police qu'elle doit prévenir à chaque suspicion de crimes violents. La mère légèrement blessée est prise en charge par les infirmières Rose Martin et Shelby Day qui manquent de chanceler en regardant l'intérieur de la voiture. Trois enfants, un à l'avant et deux à l'arrière, couverts de sang. Qui a pu faire une chose pareille ? L'équipe s'affaire autour d'eux et réussit à les maintenir en vie. Malheureusement Cheryll décède dans la nuit.

Tandis que Christie a perdu beaucoup de sang, l'état de Danny semble stable, mais des risques de paralysie sont à envisager.

C'est lors de l'annonce de l'état de ses enfants à Diane que le personnel médical est pour la première fois étonné. Diane semble trop calme, alors qu'un de ses enfants est décédé. Elle s'étonne même pour Danny que la balle ait pu manquer le cœur. Les détectives chargés de l'enquête ont la même surprise devant son attitude par rapport au désarroi des familles qu'ils rencontrent quand on leur annonce ce genre de nouvelles dans le cadre de drames équivalents. L'analyse de la peau des enfants permet de déterminer une distance très proche de l'arme qui semble être du calibre 22. Le coup a bien été tiré de l'extérieur comme semble l'avoir indiqué la jeune femme.

Une nouvelle fois, Diane raconte le déroulement de la soirée. Depuis peu elle habite avec ses enfants, un petit duplex de Springfield. Après le repas, elle désire se rendre chez une amie, Heather Plourd, qui veut acheter un cheval. Comme Diane a vu une annonce dans le journal, elle décide de se rendre directement chez elle pour lui faire découvrir l'annonce qui pourrait lui convenir. Une petite balade en voiture peut détendre un peu les enfants. Sur le chemin du retour, elle remarque un homme dont elle fait une description précise. Cet homme se montre menaçant et veut obtenir les clés de la voiture. Devant son refus, il tire sur les enfants et la blesse avant qu'elle ne réussisse à prendre la fuite.

Alors que ses deux enfants survivants sont sur la table d'opération, Diane emmène les inspecteurs sur le lieu du drame, une petite route déserte qui longe la rivière Willamette. Les recherches d'un homme aux cheveux bruns et à la barbe naissante, portant un jeans et un t-shirt sale, ne donnent rien ; et les inspecteurs ont rapidement l'impression que la mère de famille ne leur dit pas tout. En effet, quelles sont les probabilités qu'un inconnu se soit trouvé sur ce chemin désert de campagne, en plein milieu de la nuit, sans qu'il ait attendu ses victimes. La police doit faire des perquisitions, fermer toutes les portes, pensant que peut-être Diane connaît son agresseur et a peur de le dénoncer. L'inspecteur ne peut s'empêcher de penser que l'endroit désigné par la mère est bien connu des services de police. En effet, il arrive souvent qu'il soit utilisé par des criminels pour faire croire à une attaque.

Avant son interrogatoire, Diane accepte une perquisition à son domicile. Elle avoue posséder deux armes en très mauvais état. Ensuite ils l'accompagnent avec les infirmières dans la chambre de Christie. Diane prend la main de sa fille en murmurant d'un ton froid, un timide « je t'aime ». Le regard de la petite fille qui croise celui de sa mère semble dégager une forte peur. Dès le lendemain, les inspecteurs vérifient l'emploi du temps de Diane pour savoir si ses déclarations sont conformes à la vérité. Son amie confirme bien la visite et l'annonce sur le cheval. Les perquisitions permettent de mettre la main effectivement sur deux armes ainsi qu'un agenda et des balles identiques à celles trouvées dans le corps des enfants. La photo d'un jeune homme attire leur attention. Il s'agit d'une personne que Diane a appelée tout de suite en arrivant à l'hôpital, avant même de prévenir son ex-mari.

L'histoire fait grand bruit et émeut considérablement la population. Commence alors un ballet médiatique incessant. Une incroyable chasse à l'homme est organisée pour élucider ce qui est peut-être l'une des plus importantes enquêtes criminelles de l'Etat de l'Oregon. Mais qui est donc cette mère de famille divorcée qui semble plus préoccupée par l'état de sa nouvelle voiture que par celui de ses enfants ? Et pourquoi le cœur de la petite Christie s'emballe et ses yeux reflètent-ils une peur-panique quand sa mère vient la voir à l'hôpital ? Le doute commence à s'installer dans l'esprit des enquêteurs d'autant que Diane varie progressivement de version et surtout que sa blessure au bras ressemble fort à un acte d'automutilation.

Les entretiens se suivent et la version n'arrête pas de changer sur la position de l'agresseur. Lorsque son ex-mari est interrogé, il déclare que son ex-femme ne possède pas deux armes mais trois, la dernière étant un calibre 22. Or, elle a oublié de mentionner cette possession. En bons termes avec son ex-mari, les conversations se limitent aux enfants. Très affecté, il déclare planifier un voyage vers l'Oregon afin de leur rendre visite.

Les médecins sont très préoccupés par l'état de santé de Christie, le coup de feu tiré a causé des dommages très importants au cerveau. Il est possible que la petite fille ne retrouve jamais l'usage de la parole. Deux nouveaux inspecteurs sont associés à l'enquête pour découvrir le passé de Diane, mais surtout ses relations amoureuses. Premier objectif, éliminer de la liste des suspects l'ex-mari Steve et le nouvel amant Robert. Ce dernier se montre d'une extrême honnêteté envers eux.

C'est en 1981 qu'il rencontre Diane. Il est très amoureux de sa femme, mais malgré tout a une aventure avec celle-ci, basée surtout sur une forte attirance physique. Elle désire qu'il quitte sa femme bien que celui-ci lui déclare dès le début que cette relation n'est que purement sexuelle. Un détail attire les enquêteurs : il a toujours manifesté le désir de ne rencontrer Diane qu'exclusivement seule, sans ses enfants. Lorsqu'il met fin à leur relation, il déclare que Diane continue de harceler sa femme et à la suivre dans la rue.

En juin, les enquêteurs font un premier bilan de leurs investigations pour savoir s'il faut inculper ou non Diane. Bien qu'ils ne doutent pas de sa culpabilité, ils sont conscients que sans témoin direct, aucun jury n'acceptera d'inculper une mère du meurtre de ses enfants. Les preuves manquent. Le souci principal est de protéger les enfants. Ils sont placés dans un service de l'état avec interdiction pour Diane de les voir. Depuis le début de cette affaire, elle est devenue la star des médias. Elle ne cesse de raconter la même histoire et déclare lors de l'audience préliminaire que le meurtrier connaissait son nom. Information jamais donnée auparavant. Lorsqu'on lui pose la question pour savoir si elle a tiré sur ses enfants pour reconquérir son amant, elle répond par la négative en déclarant que ses enfants lui manquent trop et que c'est pour cette raison qu'elle en attend un nouveau. Les enquêteurs qui pensent que c'est une manière pour elle d'échapper à la peine de mort assistent dans le même temps au progrès de Christie qui commence à parler.

Devant la multitude des éléments, les enquêteurs décident d'inculper Diane en l'arrêtant, même si, pour le moment, Christie est incapable de prononcer le nom du meurtrier. C'est le 10 mai 1984 que le procès commence. Le jury est constitué de neuf femmes avec une opinion très divisée : coupable ou non coupable ? Les informations récoltées sont toutes données pendant le procès. Sa passion pour les hommes mariés, l'arme du crime qui demeure introuvable, son étrange réaction à l'annonce du drame, la peur dans les yeux de Christie.

Le coup de théâtre intervient lorsque Christie est interrogée à la barre des témoins ; l'accusation joue sa carte maîtresse et espère un miracle. C'est le cas : à la question sur l'identité du meurtrier, la jeune fille répond : « Maman ! ». Le procès prend alors un tournant décisif. Diane est jugée coupable et emprisonnée. Elle donne naissance à un nouvel enfant, Amy. Le 17 juin 1984, le juge du tribunal donne la sentence : perpétuité. Le procureur Fred Hugi, en charge de l'affaire, a le coup de foudre pour les deux enfants rescapés. Il finit d'ailleurs par les adopter tous les deux. Il prend également sous son aile le dernier enfant né en prison.

Le 11 juillet 1987, Diane s'échappe du centre correctionnel pour femmes de l'Orégon, est reprise le 21 juillet et transférée au pénitencier du New Jersey avec une peine augmentée de cinq années. C'est en 1989 qu'un téléfilm appelé « Small sacrifices » (On a tué mes enfants) est produit par la chaîne ABC avec Farrah Fawcett dans le rôle de Elisabeth Diane Downs. L'actrice est nommée au Prix de la meilleure actrice dans une mini-série ou un téléfilm au Emmy Awards en 1990. La fiction s'en inspire assez fidèlement avec toutefois quelques nuances propres à l'adaptation du best-seller d'Ann Rule sorti en 1987

En 1994, alors qu'elle a déjà purgé dix ans, elle est transférée au centre pénitencier de Californie. Elle obtient, pendant son incarcération un diplôme d'études collégiales puis est transférée à la prison d'Etat pour femme de Valley en 2010. La loi de l'Etat d'Oregon considère Elisabeth Diane Downs comme une délinquante dangereuse et ne pouvant être admissible à une liberté conditionnelle qu'après avoir purgé 25 ans, à moins qu'elle ne meure en prison. Dans sa première demande le 9 décembre 2008 devant le comté de Lane, elle continue de réaffirmer son innocence et de dire que c'est un homme qui a abattu ses enfants, la blessant mortellement avec une ferme intention de tuer.

Le district attorney (procureur) Douglas Harcleroad écrit à la commission des libérations conditionnelles en ces termes : « Downs continue à échouer à démonter un quelconque aperçu honnête dans son comportement criminel [...] Même après ses convictions, elle continue de fabriquer de nouvelles versions selon lesquelles les crimes ont été commis, elle se réfère alternativement à ses agresseurs comme un étranger aux cheveux hirsutes (ébouriffés), deux hommes portant des masques de ski ou des trafiquants de drogue et la corruption des fonctionnaires de police ». Après trois heures d'entretien et trente minutes de délibération, Diane Downs voit sa demande de libération conditionnelle refusée. Elle est admissible à en présenter une nouvelle en 2010.

Le 10 décembre 2010, elle fait une nouvelle demande à nouveau refusée. En vertu d'une nouvelle loi, elle doit maintenant attendre 2020 avant d'en solliciter une nouvelle, elle sera alors âgée de 65 ans.

1985 – Richard RAMIREZ

Nous sommes en août 1985, plus précisément à Los Angeles, la deuxième ville des États-Unis en nombre d'habitants après New York. Située au Sud de l'État de Californie, sur la côte du Pacifique. Depuis plusieurs mois, la ville a peur. Une série de meurtres pour le moins mystérieux inquiète la population.

Un portrait robot a été établi et placardé sur tous les murs de la ville. On est certain que l'homme a commis une quinzaine de meurtres et plusieurs agressions. La police diffuse des avis de recherches aux patrouilles qui quadrillent inlassablement la ville dans tous les sens. Ce que l'on sait, c'est que l'individu est grand, vêtu de noir au visage maigre et anguleux apparemment d'origine hispanique. Il est armé et dangereux.

Le 17 mars 1985, peu avant minuit, Maria Hernandez gare sa voiture dans le garage en sous-sol de son immeuble. Elle n'a pas aperçu l'ombre dissimulée derrière un pilier. Lorsqu'elle ouvre la portière de son véhicule, l'homme pointe son arme sur elle. Elle crie, le coup part. La jeune femme s'écroule. La laissant pour morte, l'homme s'enfuit en laissant tomber sa casquette à l'effigie du groupe de rock AC/DC. Aussi incroyable que cela puisse paraître, ce sont les clefs que la jeune femme tenait à la main qui lui ont sauvé la vie. La balle a ricoché dessus lui occasionnant une simple blessure. Maria, choquée, se relève et se précipite dans son appartement.

C'est là qu'elle découvre le corps de sa colocataire, Dayle Okazaki, 33 ans. La jeune femme a été abattue d'une balle dans la tête dans la cuisine. Une heure plus tard, Tsai-Lian Yu étudiante en droit Taïwanaise, conduit sa Chevrolet sur la North Alhambra Avenue. Elle s'arrête à un feu rouge quand surgit un homme qui ouvre sa portière gauche, la tire hors de l'habitacle et lui tire une balle dans la tête. Moins de deux semaines plus tard, un individu pénètre dans la maison de Vincent et Maxine Zazzara qui regardaient la télévision. Vincent est exécuté d'une balle dans la tête alors que Maxine est frappée, déshabillée et poignardée. Quand les policiers découvrent les corps, ils constatent avec horreur que la pauvre femme a eu les yeux arrachés et qu'ils ont disparu.

Des traces de chaussures Reebok, taille 45, sont découvertes dans la maison mais aussi à l'extérieur. Des traces identiques sont relevées lors de l'agression d'un autre couple, Harold et Jean Wu. Cette nuit là, dès son entrée dans la maison, le tueur s'est introduit dans la chambre à coucher où le couple dort. Il tire une balle dans la tête de Harold, 66 ans, puis frappe Jean à qui il demande de l'argent. La femme âgée de 63 ans lui assure qu'il n'y en a pas dans la maison. L'agresseur lui attache les mains derrière le dos et la pousse contre son mari mourant. Il fouille la maison de fond en comble et, ne trouvant rien, il revient dans la chambre où il viole Jean Wu. Il s'en va en lui laissant la vie.

La police est sur les dents. Elle a fort à faire avec un tueur en série qui semble t-il, gravit de jour en jour les limites de l'horreur. Une cellule spéciale regroupant les enquêteurs de la ville et du Comté est mise en place. Le 30 mai, une nouvelle attaque a lieu dans l'habitation de Ruth Wilson, 41 ans. Un homme s'introduit dans sa chambre et lui demande de l'argent. La jeune femme est tétanisée. Le tueur fouille la maison en la traînant avec lui et découvre son fils de 12 ans dont il se sert pour arriver à ses fins. Ruth lui remet alors un collier en diamant. L'homme enferme l'enfant dans un placard et attache la mère qu'il viole et sodomise avant de prendre la fuite.

Le 1er juin Malvia Keller, 83 ans, institutrice à la retraite est surprise dans sa maison de Monrovia. Elle est attachée et tuée à coups de marteau. Le tueur a dessiné un symbole satanique sur sa cuisse avec du rouge à lèvre. Un autre pentagramme est dessiné sur un mur de la chambre de sa sœur, Blanche Wolfe 79 ans qui a été battue et violée. Le 27 juin, Patty Higgins, 32 ans, est égorgée chez elle, à Arcadia, une ville du comté de Los Angeles. Le 2 juillet, Mary Louise Cannon, 75 ans, est également battue et égorgée à son domicile. Le 5 juillet Diedre Palmer, 16 ans, est battue avec un tuyau de fer. Elle s'en sort avec de graves blessures.

Le 7 juillet, Joyce Lucille Nelson, 61 ans, est battue à mort et mutilée dans sa maison de Monterey Park. Quelques heures plus tard, Linda Fortuna, 63 ans est battue, violée et cambriolée. Le 20 juillet, Maxson et Lela Kneiding, 66 et 64 ans, dorment dans leur lit quand l'assassin s'introduit dans leur maison de Glendale. Il leur tire une balle dans la tête et décapite Maxson. A 23 h, le tueur force une fenêtre de la maison de la famille Assawahem à Sun Valley. Le mari, Chitat, 32 ans, est abattu dans son lit, d'une balle dans la tête. Sakima, l'épouse âgée de 29 ans est traînée hors du lit. Elle est frappée, violée, humiliée. L'agresseur l'oblige à louer Satan avant de s'en prendre à son fils de 8 ans qu'il frappe et viole à son tour. Il s'empare de l'argent de la maison et s'en va.

Le 5 août, Christopher et Virginia Petersen, 38 et 27 ans, sont attaqués chez eux, à Northridge. Cette fois, l'agresseur n'a pas la tâche facile. Le couple se défend alors le tueur tire une balle dans la figure de Virginia et une autre dans la tête de Christopher avant de prendre la fuite. Le couple s'en sortira même si Virginia restera défigurée à vie. Le 8 août, un autre couple est agressé. Il s'agit d'Ahmed et Suu Kya Zia, 35 et 28 ans qui vivent à Diamond Bar. Ahmed est tué d'une balle dans la tête. Suu est frappée, attachée et violée. Son fils de 3 ans est également violé. Cette série de meurtres et d'agressions met la population dans tous ses états. Les ventes d'armes explosent, on achète des chiens de garde, des milices s'organisent.

Les journaux font leurs gros titres sur ce mystérieux tueur. Tout le monde soupçonne tout le monde et il ne fait pas bon être grand et hispanique dans la région. Le Los Angeles Herald- Examiner surnomme le tueur "Night Stalker" (le traqueur de la nuit). La police ne néglige aucune piste. Plus de 200 hommes sont sur les dents sous la houlette du Sergent Salerno. Des spécialistes du FBI sont mis à contribution pour brosser un portrait psychologique du tueur. Les groupes ayant à faire de près ou de loin au satanisme sont étroitement surveillés alors qu'une collaboration étroite entre la police et la presse est maintenue pour entretenir un sentiment d'insécurité pour le tueur. Des centaines d'appels parviennent aux enquêteurs. Tout le monde dit avoir vu, ou connaître, « Night Stalker ».

On soupçonne un voisin, un ami, un mari ou même un frère. Chaque signalement fait l'objet d'une enquête, mais rien n'y fait et le tueur n'a pas dit son dernier mot. Puisqu'il ne peut frapper à Los Angeles, il va donner d'autres ramifications à ses crimes. Dans la nuit du 17 août 1985, le mystérieux individu s'introduit dans la maison d'un couple d'origine chinoise, Peter et Alberta Pan qui habitent à San Francisco, à 550 km au nord de Los Angeles. L'homme entre par la fenêtre et ouvre la porte de la chambre où le couple est endormi. Il leur tire une balle dans la tête et fouille la maison à la recherche d'objets de valeur et d'argent liquide. Comme il l'a déjà fait à Los Angeles, il dessine avec du rouge à lèvres des pentagrammes pour signer son forfait.

Lorsque le fils des victimes découvre ses parents le lendemain matin, sa mère est encore en vie, en revanche il est trop tard pour Peter. De nouveau, des traces de Reebok sont relevées dans toute la maison. Une analyse balistique confirme que la même arme a été utilisée à San Francisco et à Los Angeles. Le 1er février 1985, la police découvre le corps mutilé de Christina Caldwell, 58 ans, et celui de sa sœur Mary, 70 ans. Les deux femmes ont été poignardées, l'appartement cambriolé. Le 2 juin, un jeune homme de 29 ans, Edward Wildgans, est abattu d'une balle dans la tête alors que sa fiancée,

Nancy Brien est violée. Elle va survivre. La description qu'elle fait de son agresseur est identique à celle du "Night Stalker".

A San Francisco, on distribue les mêmes avis de recherche sur le traqueur de la nuit. Le responsable de l'hôtel Bristol assure alors qu'un individu ressemblant au portrait-robot a séjourné dans son établissement durant la semaine du meurtre des Pan. L'homme était vêtu de noir et dégageait une mauvaise odeur. On avait découvert un pentagramme inversé sur la porte de la chambre face à celle qu'occupait l'homme qui avait donné un faux nom et avait payé en liquide. En comparant ses notes avec celles du Sergent Salerno, le détective Frank Kowalski, de San Francisco, remarque qu'une Pontiac 1978 de couleur marron a été aperçue avant le meurtre des Pan et que cette même voiture a été vue avant le meurtre de Ahmed Kya Zia, à Los Angeles.

Des meurtres ont également été commis à San Francisco. La police envisage que le tueur de Los Angeles soit le même que celui qui a accompli tous ces assassinats. Le mystérieux tueur a changé de voiture. Méfiance ou intuition, il circule désormais avec une Toyota 1976 volée, de couleur orange. Ce 25 août, il stationne devant une belle bâtisse de Mission Viejo, un joli quartier de la banlieue de Los Angeles. Il s'introduit chez William Carns et Renata Gunther qui dorment dans leur chambre à coucher. Sans état d'âme, il tire une balle dans la tête de

William et traîne violemment Renata en dehors du lit. Il la frappe, la viole, lui fait répéter des phrases à la gloire de Satan, exige une fellation et s'en va.

La police de San Francisco reçoit la visite de Donna Myers et de son ami Serafin Arredondo. Le couple vit dans le quartier hispanique. Il a loué une chambre à un curieux personnage se faisant appeler « Ricky ». L'homme est étrange, de plus il correspond parfaitement au portrait- robot qui circule dans toute la ville. Mais ce qui interpelle le couple, c'est que le fameux Ricky qui se dit originaire du Texas voyage dans toute la Californie et souvent entre San Francisco et Los Angeles. Il parle régulièrement de sa fascination pour le satanisme et a même déclaré en rigolant qu'il était le fameux « Night Stalker ». Bien plus compromettant, Serafin Arredondo montre aux policiers des bijoux qu'il a achetés à « Ricky ».

Après une simple vérification, il s'avère que ces bijoux appartiennent à M. Pan, l'une des victimes du tueur. Une planque est aussitôt mise en place devant le domicile de Donna Myers pour tenter d'interpeller l'insondable « Ricky ». Entre temps l'enquête sur l'agression de William Carns et Renata Gunther à Mission Viejo suit son cours. Des témoins ont remarqué une Toyota orange qui circulait lentement dans le quartier le soir du crime. Le 27 août, la Toyota est découverte sur un parking de Los Angeles. La planque ne donne rien et les enquêteurs décident de fouiller la voiture et de faire des relevés d'empreintes. En moins de trois minutes un nouveau système informatique capable de comparer les empreintes donne un nom aux policiers. Il s'agit de Ricardo Ramirez, un petit délinquant du Texas qui a été arrêté l'année précédente pour vol de voiture mais libéré pour manque de preuves.

Il a de nombreux pseudonymes. Nicolaus Adame, Noah Jimenez, Richard Mona, Richard Moreno ou Richard Munoz. Il vit en vagabond, fréquente les bars, boit et se drogue. Il est grand, vêtu de noir, maigre et hispanique. La photo de Ramirez est diffusée dans toute la presse. Richard lui, ne se doute de rien. Ce 31 août 1985 au matin, il descend d'un bus à la gare centrale de Los Angeles. Il revient de Phoenix, en Arizona, où il s'est procuré de la cocaïne grâce au butin que lui a rapporté le meurtre de William Carns. Il est 8 heures quand il entre dans une épicerie du quartier hispanique pour acheter une bouteille d'alcool.

Les quelques clients qui sont dans l'échoppe le regardent d'un drôle d'air quand ses yeux sont attirés par un journal sur lequel son portrait s'étale en grand. Il fait tomber la bouteille qu'il tient à la main et s'enfuit alors que les clients qui l'ont reconnu le poursuivent. Une patrouille de police survient alors que le fuyard se faufile entre les voitures. Des cris fusent, l'alerte est donnée, la chasse à l'homme s'organise. De nouvelles patrouilles arrivent sur le quartier. Ramirez court comme un dératé. Il tente d'entrer dans un appartement mais la locataire ferme la porte sur lui. Le tueur poursuit sa fuite. Il tente d'arrêter une voiture. Il sort la conductrice de l'habitacle, la frappe mais son mari qui est sur le siège passager réagit. C'est lui maintenant qui se jette sur Ramirez. Au même moment, des hommes viennent porter main forte au passager de l'automobile. Ramirez est assommé de coups de poing, de coups de pied. S'il en réchappe, c'est que des policiers ont vu la scène.

Le serial killer en sang et en larmes crie au secours : « Tirez-moi de là, ils vont me tuer. C'est moi l'homme que vous cherchez, je suis Night Stalker. »

Ramirez est traduit devant le tribunal pour une audience préliminaire où on lui signifie les charges qui pèsent contre lui. Sans un mot, semblant ailleurs, le prévenu laisse le juge énumérer les différents chefs d'accusation à son encontre. On l'accuse de vol, de cambriolage, du meurtre d'Harold Wu, du viol, de sodomie et de copulation orale forcée sur Jean Wu. Par ailleurs, les autorités de San Francisco l'accusent des meurtres du couple Pan alors que le Comté d'Orange l'inculpe du meurtre de William Carns et du viol de Renata Gunther. La liste est loin d'être complète ; en effet, il reste beaucoup de travail aux enquêteurs qui dans les mois qui vont suivre vont le charger de 14 meurtres supplémentaires, de tentatives de meurtres, de cambriolages, de viols et d'agressions sexuelles dans les affaires concernant Jennie Vincow, Dayle Okazaki et Maria Hernandez, Tsai-Lian Yu, Vincent et Maxine Zazzara, Ruth Wilson, Malvia Keller et Blanche Wolfe, Patty Higgins, Mary Louise Cannon, Diedre Palmer, Joyce Lucille Nelson, Linda Fortuna, Mason et Lela Kneiding, Chitat Assawa hem, Christopher et Virginia Petersen, et Ahmed Zia.

Ramirez est également inculpé de nouveaux crimes comme le cambriolage d'un homme à Eagle Rock, Thomas Sandova, l'enlèvement et le viol d'une fillette de 8 ans à Eagle Rock et le cambriolage de la maison de Clara Hadsall, à Monrovia. Usant de tous les artifices de la justice, les avocats successifs de Ramirez mettent à mal l'accusation en réclamant des enquêtes précises pour chaque cas. Cela va durer pratiquement 4 ans et coûter 2 millions de dollars aux contribuables américains.

Malgré tout ce qu'ils ont fait pour lui, les relations entre l'inculpé et ses défenseurs ne sont pas au beau fixe. Dans un premier temps, la juge Elva Soper désigne Allen Adashek comme avocat d'office, cela n'est pas du goût de la famille de Ramirez qui souhaite que Maître Manuel Barraza soit désigné. Après des pourparlers de plusieurs semaines, Barraza lui- même refuse de défendre le traqueur de la nuit. C'est donc Adashek qui a en charge le dossier. Ramirez est un client colérique et insultant envers le tribunal, ce qui ne facilite guère la tâche de son défenseur. Ses apparitions en public avec des pentagrammes dessinés sur la paume de la main ne plaident pas en sa faveur. Adashek jette l'éponge.

Pour garantir les droits de Ramirez et du fait que celui-ci fait partie d'une minorité raciale, la juge accepte que Joseph Gallego un avocat sollicité par la sœur de Richard prenne en charge sa défense. Gallego se jette dans la bataille mais rapidement, des différents l'opposent à la famille de l'inculpé. Deux nouveaux avocats sont désignés. Il s'agit de Daniel et Arturo Hernandez qui manquent de métier pour défendre un dossier de cette taille. Alors que l'audience préliminaire est prévue pour décembre 1986, les avocats demandent un délai de quatre mois supplémentaires pour se préparer. Malgré le refus de l'accusation qui pense que la comédie n'a que trop duré, l'audience est déplacée au 24 février 1987.

En fait d'audience préliminaire, on assiste durant trois semaines à un grand carnaval. La défense et l'accusation se disputent pour des peccadilles alors que Ramirez entouré de sa famille qui fait bloc, se moque ouvertement du tribunal, l'insulte et le menace. Les Témoins, experts et enquêteurs, sont constamment injuriés par l'accusé qui éclate de rire chaque fois que l'on évoque un viol ou un meurtre. La présentation de photos de scènes de crimes aux jurés est l'occasion de plaisanteries humiliantes qui scandalisent les proches des victimes. L'audience préliminaire se termine le 7 mai. Le procès est fixé au 2 septembre 1987, mais après de multiples recours de la défense et alors qu'un nouveau juge est désigné pour suivre l'affaire, le procès ne s'ouvre que le 29 janvier 1989, après que la désignation des jurés est approuvée à la suite de mois de tractations. Sur les douze jurés choisis, six sont hispaniques.

Le moins que l'on puisse dire, c'est que ce procès fait recette. Outre les nombreux journalistes de presse écrite et de télévision qui sont autorisés à filmer, les familles des victimes et les policiers qui ont travaillé sur l'affaire sont sous pression. Ramirez lui est habillé d'un élégant costume. On l'a coiffé avec soin et il porte des lunettes noires pour - selon la stratégie de ses avocats, cacher la dureté de son regard. Il est soutenu par sa famille et par son fan club composé de jeunes filles complètement hypnotisées par sa présence. Ramirez est une véritable icône.

165 témoins sont convoqués devant la cour. La majorité d'entre eux reconnaissent Ramirez comme l'auteur des meurtres imputés au traqueur de la nuit malgré les interventions insultantes et menaçantes de l'accusé qui, par ailleurs, envoie des baisers aux jeunes filles qui l'idéalisent. Les choses débutent bien mal pour l'hispanique. L'accusation a une foule de preuves qu'elle expose devant une cour attentive. Outre le fait que les armes utilisées sont la propriété de l'accusé, des bijoux appartenant à

certaines victimes ont été retrouvés chez sa sœur dont d'ailleurs on se demande bien pourquoi elle n'est pas poursuivie par le tribunal, si ce n'est pour complicité au moins pour recel, celle-ci ayant déclaré que son frère lui en avait fait cadeau sans s'inquiéter de leur provenance.

Les traces de pas relevées sur les scènes de crime correspondent à des chaussures de Ramirez. Mais encore plus probant, des victimes de viol ou d'agression reconnaissent parfaitement l'accusé comme coupable des crimes qui lui sont reprochés. Les avocats de l'accusé ont bien du mal à faire leur métier devant tant d'éléments à charge. Ils essaient encore de jouer sur les mots, de plaider la différence ethnique, la folie même, mais rien n'y fait.

Richard Ramirez est reconnu coupable du meurtre de 13 personnes, mais également de 5 tentatives de meurtres, 11 viols et 14 vols aggravés avec effraction. Il se présente comme un sataniste en arrivant dans la salle d'audience du tribunal en 1988, et s'étant dessiné des pentacles sur la paume de chacune de ses mains, déclare : « Vous ne me comprenez pas. Vous n'en êtes pas capables ! Je suis au-delà de votre expérience. Je suis au-delà du Bien et du Mal... »

L'avenir de celui qui parade depuis le début de son procès s'annonce très sombre. Le 20 septembre 1989, Richard Ramirez est déclaré coupable de tous les crimes dont on l'accuse. Il est condamné à mort. Comme on lui laisse le mot de la fin, le criminel déclare : « Je n'ai pas besoin de regarder cette cour pour n'y voir que les menteurs, les haineux, les tueurs, les escrocs, les lâches paranoïaques, les vrais parasites de la terre, chacun dans sa profession juridique. Vous tous, sales asticots, vous me rendez malade, hypocrites tous autant que vous êtes. Vous ne me comprenez pas... Je ne m'attends pas à ce que vous le fassiez. Vous n'en êtes pas capables. Je suis au-delà de votre expérience. Je suis au-delà du bien et du mal. » Incarcéré dans le couloir de la mort du pénitencier de San Quentin, les avocats de Ramirez multiplient les appels pour éviter l'exécution de leur client. Par ailleurs, il correspond avec de nombreuses femmes jusqu'à se marier en prison en octobre 1996 avec Doreen Lioy, une journaliste qui considère son mari comme un homme d'exception avec une grande gentillesse.

Doreen entame une campagne médiatique pour que l'on révise le procès de Ramirez qu'elle considère comme innocent de ses crimes et victime d'un complot. Alors que l'hispanique est en prison depuis 15 ans, Ramirez change de tactique. Il affirme que s'il est coupable, c'est qu'au moment des faits il n'était pas responsable de ses actes et que seule la folie peut expliquer ses crimes. Enfant de Satan comme il se surnomme, il dit ne pas craindre la mort car sa place lui est réservée en enfer. Richard Ramirez a encore des comptes à rendre car ses crimes de San Francisco n'ont jamais été jugés et justement, on veut éviter de nouveaux procès pour ne pas retarder l'exécution. Le 7 août 2006, son appel est rejeté par la Cour Suprême de Californie, la sentence est confirmée.

Pourtant les années passent et il sera dit que jamais le traqueur de la nuit ne paiera sa dette envers ses victimes. Après 28 années d'incarcération qui a coûté des millions de dollars, Ramirez condamné pour seulement 13 meurtres commis sur une période de 14 mois seulement, entre juin 1984 et août 1985 meurt de sa belle mort et de causes naturelles au Marin General Hospital, au nord de San Francisco le 7 juin 2013.

1999 – Eric HARRIS & Dylan KLEBOLD

Eric Harris nait le 9 avril 1981 dans la ville de Wichita. C'est la plus grande ville de l'Etat du Kansas mais aussi la base de l'US Air Force et le siège des entreprises de six grands constructeurs d'avions. Son père, Wayne Harris, est d'ailleurs pilote de l'US Air Force. Sa mère, Katherine Ann Poole, assure, quant à elle, les tâches de la mère au foyer, s'assurant que sa famille ne manque de rien. Au gré de la carrière de Wayne, la famille est amenée à déménager souvent, jusqu'à la retraite de ce dernier où ils décident de s'installer dans la ville de Littleton, arrondissement de Denver dans l'Etat du Colorado.

C'est le 11 septembre 1981 que nait à Lakewood, capitale de l'état de Colorado et première ville du comté de Jefferson, Dylan Bennet Klebold. Son père est un géophysicien, tandis que sa mère s'occupe d'adultes handicapés. C'est en 1993 que la famille s'installe à Littleton. Le jeune Dylan fréquente l'école Cary Middle et c'est ainsi qu'il fait la connaissance d'Eric. La famille Harris décide de faire l'acquisition d'une maison située au sud du lycée Columbine, tandis que Kévin, le frère aîné, se rend à Boulder, l'université du Colorado. Nous sommes en 1996.

Les deux jeunes garçons semblent trouver leur place au sein du lycée. Ils s'occupent du club de théâtre où ils réalisent quelques mises en scène. Dylan et Eric s'adonnent également à deux autres passions, la vidéo pour le club de cinéma et la gestion du serveur informatique de l'école. Leur passion pour l'informatique les conduit également à brancher en réseau leurs ordinateurs personnels. Un jeu appelé « Doom » a fait l'objet de la création de plusieurs niveaux par Harris. Ils utilisent de nombreux pseudos pour leur permettre de multiplier les parties. Dans le même temps, Harris développe d'autres sites internet qui reflètent sa haine pour les membres de sa communauté.

C'est en mars 1988 qu'un enquêteur du bureau du shérif s'intéresse à ces sites internet. L'enquêteur Michael Guerra reçoit en effet une plainte des parents de Brooks Brown, un camarade d'Harris et

Klebold, qui se plaint d'être menacé par les jeunes garçons. Le policier demande l'autorisation d'effectuer une perquisition mais elle lui est refusée. Les deux jeunes gens ont également des démêlés avec la justice : on leur reproche d'avoir volé du matériel informatique à l'intérieur d'un véhicule de type Van. Ils sont accusés de dégradations volontaires et vols mais acceptent, pour prouver leur bonne foi, de se plier à des travaux d'intérêt général en échange de l'effacement du délit de leur casier et d'un traitement psychiatrique.

Le 30 avril 1988, Éric rédige une lettre d'excuses pour le propriétaire du véhicule, ce qui va en contradiction avec son journal intime retrouvé dans sa chambre : « L'Amérique n'est-elle pas supposée être une terre de liberté ? Comment se fait-il que, si je suis libre, je n'aie pas le droit de voler des biens à un putain de débile s'il les laisse sur le siège avant de son putain de van, en pleine journée, à la vue de tous ? »

Eric et Dylan réalisent une vidéo dans le cadre d'un projet scolaire intitulé « Hitmen for Hire » (recrute tueurs à gages). Ils apparaissent utilisant des armes à feu factices et éliminent des lycéens dans le couloir de l'établissement. Les scènes d'injures présentes deviennent célèbres. Après l'avoir vue, l'un de leurs professeurs déclare : « Votre approche est unique et votre histoire fonctionne horriblement bien - il y a de bons détails et une bonne atmosphère ! »

Brooks Brown profite d'une pause pour fumer une cigarette lorsque, le 20 avril 1999, il voit arriver Éric au lycée. Leur amitié mise à mal l'an passé s'est améliorée, les deux jeunes discutent à nouveau, même si Brooks se croit obligé de lui rappeler son absence du matin durant les cours. Elève sérieux et travailleur, il voudrait tant que son ami lui ressemble. Ce dernier lui répond : « Ça n'a plus d'importance ! », curieuse réaction de sa part. Eric ajoute : « Je t'aime bien, maintenant, dégage de là et rentre chez toi ! ». Pour une raison que Brooks ne s'explique pas encore, il obéit aux consignes de son ami, à moins que ceci ne soit de l'intuition. Pendant ce temps, Dylan arrive dans une seconde voiture et se gare sur le parking du campus avant d'être rejoint par Éric Harris. Les deux lycéens se postent à deux points stratégiques qui leur permettent d'avoir une vue imprenable sur la cafétéria et également de surveiller les deux principales sorties.

Il est 11h15 lorsqu'une bombe placée à 800 mètres un peu plus haut, au milieu d'un champ, explose. Il s'agit d'une diversion organisée par les deux jeunes dans le but d'occuper les policiers et les pompiers qui parviennent à éteindre le feu. Durant ce laps de temps, Harris et Klebold pénètrent dans la cafétéria de l'établissement pour déposer deux bombes artisanales qu'ils ont eux-mêmes fabriquées et déposées dans des grands sacs de sport. Ils regagnent leurs voitures respectives pour attendre qu'elles explosent. Leur plan prévoit de pouvoir abattre tous les étudiants rescapés qui essaieront de s'enfuir.

Ce que les deux jeunes lycéens n'ont pas prévu, c'est que leurs bombes n'explosent pas. Qu'à cela ne tienne, à 11h20, ils décident, tel un commando, de donner l'assaut contre l'établissement. Ils se dirigent vers l'escalier situé à l'entrée ouest car ce point stratégique est le plus élevé du campus. Un témoin entend l'un des deux jeunes crier « Go ! Go ! ». Ils font feu sur Rachel Scott et Richard Castaldo qui déjeunent assis sur l'herbe à côté de l'entrée. Scott est tué sur le coup, Richard grièvement blessé. Personne ne peut dire lequel des deux a commencé à tirer précisément. La suite des événements sera plus précise. Eric retire son long manteau pour laisser apparaître son 9 mm semi-automatique afin de tirer sur un groupe de trois étudiants : Daniel Rohrbough, Sean Graves et Lance Kirklin. Ensuite, se tournant tous les deux, ils tirent sur plusieurs étudiants assis dans l'herbe vers le sud de l'établissement. Michael Johnson et Mark Taylor sont touchés, leurs blessures les empêchent de s'enfuir.

Klebold se dirige alors vers la cafétéria par l'escalier et tire une nouvelle fois sur Lance Kirklin, le blessant grièvement au visage. Pour Daniel Rohrbough qui rampe pour descendre les escaliers, c'est à bout portant qu'il l'achève de plusieurs balles dans le dos. Une fois dans la salle de la cafétéria, il essaie de comprendre pour quelle raison les bombes n'ont pas explosé pendant que son complice tire sur plusieurs cibles et blesse Anne-Marie Brad qui tente de fuir. Il rejoint ensuite Harris.

Patti Nielson, professeur d'arts plastiques, est persuadé que les jeunes gens sont en train de tourner une vidéo amateur. Elle se dirige vers eux avec Brian Anderson, un étudiant, pour leur demander de s'arrêter. C'est Harris qui tire dans sa direction et la blesse par des éclats de verre ainsi que l'étudiant. L'enseignante trouve refuge dans la bibliothèque et prévient la police. Il est à peine 11h25 lorsqu'un premier policier arrive sur les lieux et échange des tirs avec les deux lycéens. Il confirme par radio l'alerte donnée par le professeur. Le policier est à court de munitions lorsqu'il voit Harris et Klebold qui traversent les couloirs et tirent sur tout ce qui bouge. Stéphanie Munson est touchée à la cheville tandis que Dave Sanders reçoit une balle à la poitrine. Il décède plus tard d'une très grave hémorragie alors qu'il tentait de prévenir les lycéens de la bibliothèque. Il est 11h30, les deux tueurs pénètrent dans la salle où se cachent 52 étudiants et deux professeurs dont Patti Nielson, abrités sous les tables. Eric et Dylan tirent sur des élèves cachés sous des tables et discutent avec certains qu'ils abattent ou laissent partir selon leur bon plaisir. C'est dans cette pièce qu'ils font le plus grand nombre de victimes. 10 élèves en 7 minutes.

Ils ont apporté avec leurs armes plusieurs bombes artisanales et, bien que les deux premières n'aient pas fonctionné, ils essaient d'utiliser les autres mais l'un des deux émet l'hypothèse de commencer à poignarder les étudiants pour que ce soit plus drôle. Harris commence à saigner du nez. La raison est imprécise, mais elle a pour effet de les faire sortir de la bibliothèque pour rejoindre la cafétéria. Il est 11h45 lorsqu'ils errent dans les couloirs du lycée en terrorisant toutes les personnes qui se trouvent sur leur chemin, les menaçant de mort, mais sans jamais réutiliser leurs armes.

A 12h00, ils décident de retourner à nouveau dans la bibliothèque. Les étudiants l'ont abandonnée, seuls deux blessées sont encore dans la salle. Ils continuent de temps à autre d'échanger des coups de feu avec les forces de l'ordre avant d'accomplir l'acte suprême de leur folie meurtrière. A 12h08, Klebold se suicide d'une balle de pistolet dans la tête tandis qu'Harris choisit le fusil à pompe placé dans la bouche. Les autorités donnent l'assaut et localisent à 13h00 une présence importante de bombes laissées dans l'établissement.

Dix minutes plus tard, ce sont les artificiers qui nettoient le terrain. Au fur et à mesure, les policiers libèrent les otages cachés dans les classes. On les emmène pour les soigner et les interroger. C'est une fois qu'ils sont transférés en bus que la police commence sa macabre découverte : il est 15h30 lorsque les premiers corps sont trouvés dans la bibliothèque. A 16h00, le shérif donne une première estimation des victimes. Des agents arrivés en renfort sont dépêchés sur place après la découverte d'explosifs dans la voiture de Klebolb. L'une d'entre elle explose à 22h45 pendant une tentative de désamorçage, sans faire heureusement de victime. Le bilan définitif fait état de 15 morts et 27 blessés augmenté des deux auteurs, Eric Harris et Dylan Klebold.

Le 21 avril 1999, le procureur Thomas David et le shérif John Stone organisent une conférence de presse afin de déclarer l'établissement sûr après un ultime ratissage des différentes zones. Les deux hommes ordonnent l'ouverture d'une enquête pour retrouver d'éventuels complices ayant pu aider les deux adolescents à se procurer des armes. Pendant ce temps, le maintien de la scène de crime permet au service de la médecine légale d'enlever les corps pour pratiquer les autopsies et identifications requises à l'abri des journalistes interdits dans le périmètre.

Eric et Dylan, en choisissant le suicide pour terminer leur expédition, ont privé les familles d'un procès qui aurait pu donner des réponses aux questions que l'on se pose sur leurs motivations. Si on se réfère au livre écrit par Brooks Brown, c'est la vengeance contre des remarques homophobes envers les deux garçons qu'on voyait tout le temps ensemble qui pourrait être une explication, même si rien ne vient prouver qu'ils avaient des attirances homosexuelles. Les professeurs tournaient souvent le dos à ce genre de pratique qui, pour eux, n'étaient que des plaisanteries d'adolescents. Il faut attendre cinq ans après les événements pour que le FBI (Bureau Fédéral des Investigations) donne ses conclusions sur les rapports d'une d'équipe de psychiatres et de psychologues. Harris était un psychopathe atteint par un complexe de supériorité alors que Klebold était dépressif.

Harris et Klebold, adeptes des jeux vidéo comme Doom et Wolfenstein 3D, ont même créé des niveaux largement diffusés sur le net. Lorsqu'on connaît ce type de divertissement, ce qui nous choque au premier abord est la violence qu'ils contiennent. Certains parents des victimes ont tenté des poursuites judiciaires contre les fabricants de ces jeux, mais sans succès. On apprend également qu'Eric et Dylan étaient de grands fans du film d'Oliver Stone « Tueurs nés ».

Comme dans beaucoup d'affaires, il y a eu un avant Columbine et un après. Les écoles des Etats-Unis ont subi de nombreuses modifications pour renforcer la sécurité. Les sacs sont fouillés, des détecteurs de métaux sont installés et des gardes de sécurité sont recrutés. Les écoles de plusieurs états du pays ont mis en place un système de code d'identification généré par informatique. Les forces de police ont intégré dans leurs formations des situations analogues à la tuerie de Colombine pour donner suite aux critiques formulées sur la vitesse d'intervention, notamment du SWAT (Special Weapons and Tactics, une unité spécialisée existante dans les principales polices des Etats-Unis).

La méthode traditionnelle jusqu'ici employée, qui consiste à entourer le bâtiment puis mettre en place un périmètre de sécurité, afin de limiter les dégâts, est progressivement remplacée par une autre approche qui prend en compte un tireur actif présent dans les lieux, non pour y prendre des otages mais pour assassiner un nombre important de personnes. Ce qui change radicalement la donne, car cette fois on essaie de repérer le plus vite possible l'auteur afin de le neutraliser pour qu'il ne fasse pas d'autres victimes.

Durant l'année 2000, plusieurs lois fédérales sont mises en place pour contrôler les armes à feu. Ainsi les mineurs et criminels se voient interdire l'achat d'armes mais pas leur possession, ce qui serait un manquement au second amendement de la constitution, largement défendu par le « National Rifle Association (un lobby qui défend et assure la promotion et la possession d'armes aux Etats-Unis). C'est également durant cette année-là que le défenseur de la jeunesse et avocate Melissa Helmbrecht organise un événement pour les élèves survivants à Denvers qu'elle baptise : « la journée de l'espoir ». Un mémorial permanent a été érigé pour commémorer la fusillade du 20 avril 1999 et honorer les victimes le 21 septembre 2007 à Clement parc, la prairie voisine.

A l'avenir, les écoles des Etats-Unis restent toujours les cibles de jeunes en mal de notoriété. Columbine reste celle qui fut la plus meurtrière. Il est probable que le port d'arme semble poser un souci dans ce grand pays démocratique à la différence du passé où l'arme était considérée comme un outil par les cow-boys qui s'en servaient pour éloigner les voleurs et animaux sauvages s'en prenant à leurs troupeaux. Difficile débat à arbitrer entre le droit constitutionnel de chaque américain de posséder une arme et son usage par des esprits qui parfois confondent fiction et réalité, ne mesurant pas le danger de leur utilisation…

Nathan LEOPOLD

Richard LOEB

Bartoloméo VANZETTI

Nicola SACCO

Ruth SNYDER

Judd GRAY

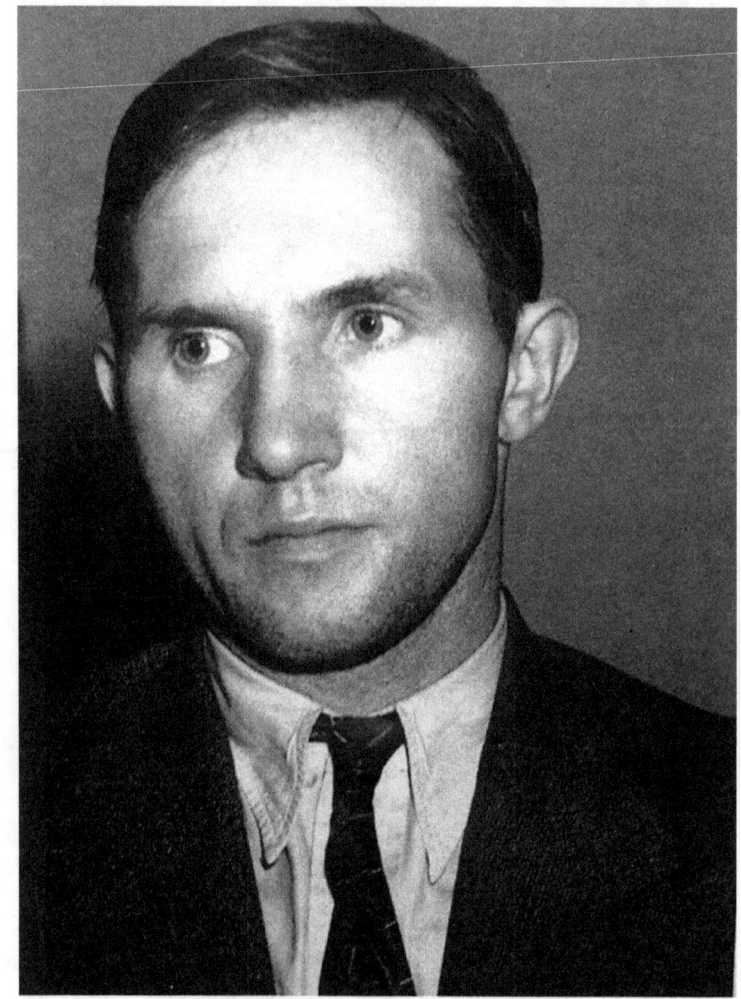

Bruno Richard HAUPTMANN

Bonnie PARKER & Clyde BARROW

Bruce Lee

Alphonse CAPONE

Samuel SHEPPARD

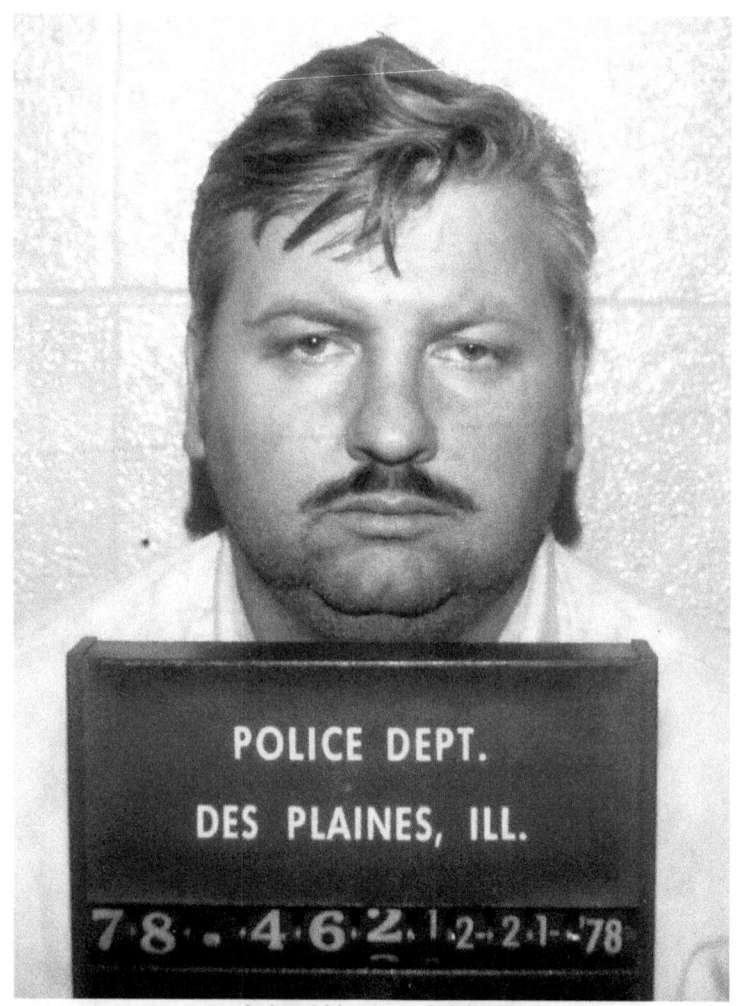

John Wayne GACY

Ronald DEFEO

David BERKOWITZ

Gary GILMORE

Arthur BISHOP

Clifford OLSON

Claus VON BULOW

Mark CHAPMAN

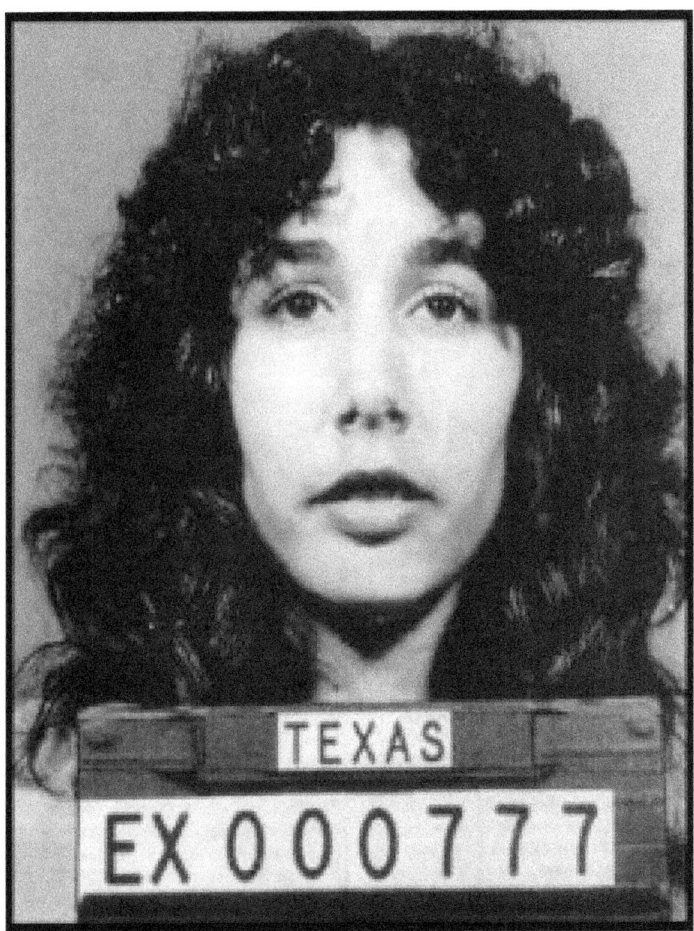

Karla Faye TUCKER

Elizabeth Diane DOWNS

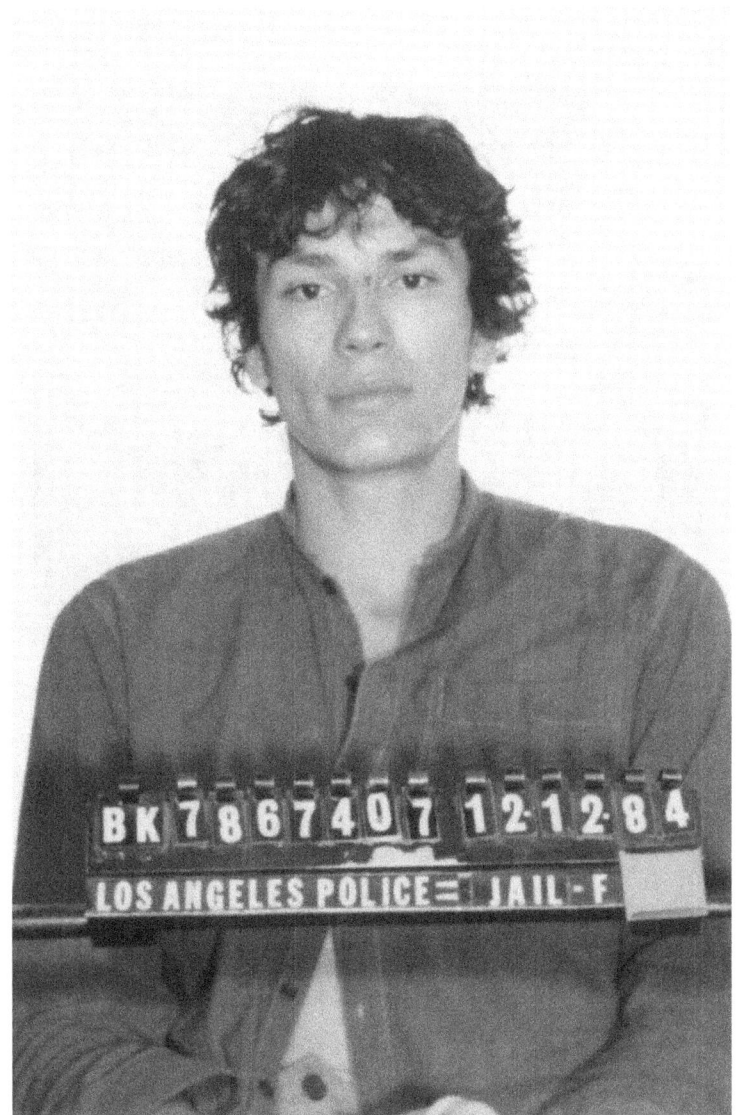

Richard RAMIREZ

Eric HARRIS

Dylan KLEBOLD

<u>Du même auteur</u>

Aller simple pour l'échafaud
Terrorisme « le pouvoir de l'intimidation » 01
Les grands criminels 01

www.ingramcontent.com/pod-product-compliance
Lightning Source LLC
Chambersburg PA
CDHW0314421/0526
45166CB00001B/87